Google AdWords für Anfänger

Wie du deine Kampagne erstellst, dein Konto einrichtest und den Erfolg misst.

Guido Sander

Inhaltsverzeichnis

Was ist Google AdWords?

Du hast ein eigenes Unternehmen? Du bietest einen Service oder ein Produkt an? Du möchtest Kunden gewinnen, um deinen Umsatz zu steigern? Dann liegst du mit Google AdWords genau richtig. Vielleicht aber willst du nur deine Marke bekannt machen? Vielleicht möchtest du ein neues Produkt am Markt etablieren? Auch hier ist Google AdWords das System für dich. Damit kannst du dein Angebot bewerben und dein Branding durchführen.

Wer Kunden finden möchte, der muss sich vor allem von den Kunden finden lassen. Heutzutage wird das allermeiste über das Internet geregelt. Dazu gehört auch das Finden der richtigen Dienstleistungen bzw. Produkte. Dies gilt selbst dann, wenn man nur zum Bäcker um die Ecke gehen möchte. Kennt man dessen Öffnungszeiten nicht, dann hilft Google. Wir suchen ein bestimmtes Produkt? Wir gehen ins Internet. Wir brauchen einen Service? Wir tippen ihn in die Suchmaschine ein. Wir wollen vielleicht auch nur ein gutes Restaurant finden? Kein Problem, das Internet kennt sie alle. Es ist eben so einfach. Du kannst dir diese Einfachheit zunutze machen.

Potenzielle Kunden durchstöbern das Internet die ganze Zeit. Dabei ist es nicht genug, einfach nur im

Internet präsent zu sein. Damit die potenziellen Kunden dein Geschäft finden, muss jemand anders dir helfen. Die Kundschaft benutzt Suchmaschinen. Jetzt musst auch du die Suchmaschinen benutzen, damit König Kunde dich sieht. Das geht nämlich von allein nicht ganz so gut, wie du dir das vielleicht wünschst.

Suchmaschinen kann man auf verschiedene Wege benutzen. In jedem Fall jedoch geht es um das Ranking. Wenn die potenzielle Kundschaft eine Suchanfrage eingibt, dann bekommt sie nicht nur einen Treffer. Alle Treffer kommen in eine Liste und diese Liste kann mitunter sehr lang werden. Da sind Hunderttausende Treffer über Hunderte von Seiten möglich. Ein gutes Ranking bedeutet, dass du mit deinem Unternehmen auf der ersten Seite dieser Liste auftauchst, denn dann wirst du gesehen. Kaum jemand wird diese Liste nämlich bis zur Seite 101 durchforsten, nur um vielleicht dein Unternehmen zu finden.

Wie gesagt, es gibt verschiedene Wege, diese Suchmaschinen für dich und dein Geschäft zu benutzen. Das Erste ist das sogenannte SEO. Dahinter verbirgt sich Search Engine Optimization. Du kannst den Algorithmus der Suchmaschinen ausnutzen. Diese erstellen ihr Ranking nach verschiedenen Vorgaben. Eine davon ist die Lesbarkeit und die Verständlichkeit deiner Seite. Dazu kommt, ob sie auf mobilen Geräten wiedergegeben werden kann. Dann ist da noch eine gute Grammatik und Rechtschreibung. Gestalte sie entsprechend, dass Google und Co sie liebt, und schon findest du dich auf den ersten Seiten wieder. Dieser Weg ist jedoch kein Weg der schnellen Ergebnisse. Es kann sehr lange dauern, bis das SEO dein Ranking so weit verbessert hat, dass du der Kundschaft unter die Augen kommst.

Ein anderer Weg ist eine Anzeige direkt in den Suchmaschinen. Diese Anzeige bringt dich sofort ganz nach vorn. Die Auswirkungen treffen augenblicklich ein. Während das SEO theoretisch kostenlos ist, kosten die Anzeigen Geld.

Jetzt kann man natürlich Haarspalterei betreiben. SEO ist nicht umsonst, denn du musst die Schreiberlinge bezahlen, die deine Texte für Suchmaschinen optimieren. Anzeigen kosten nichts, denn jede Werbung macht sich selbst bezahlt. So oder so, das ist für uns hier nicht von Belang. Was für uns zählt, ist, dass du für eine Anzeige erst einmal Geld hinblätterst. Daher willst du maximalen Erfolg und das am besten von Anfang an.

Hast du schon einmal eine Anzeige auf Google und Co gesehen? Mit absoluter Sicherheit. Sie befinden sich ganz vorn und sie sind mit dem Wort „Anzeige" gekennzeichnet. Sie sind damit nicht Teil der normalen Trefferliste. Weil sie jedoch ganz vorn stehen, sind die Chancen, dass diese Anzeigen angeklickt werden, am höchsten. Früher gab es die Trefferliste noch am Anfang der Suchliste auf der rechten Seite. Dies gibt es aber nur noch für Shoppinglisten. Alle anderen Anzeigen werden einfach nur der Suchliste vorangestellt.

Wo kann man jetzt eine solche Anzeige schalten? Bei Google AdWords. Das ist das Werbesystem von Google für deine Kampagne. Damit stehst du dann in der Google-Liste ganz oben da und hängst deine Konkurrenz ab. Das klingt so einfach und es kann so einfach sein, du musst nur wissen, wie.

Nun ist Google AdWords nicht einfach irgendein Werbesystem. Google ist die wichtigste Suchmaschine für Deutschland. Die Anzahl der Suchanfragen dort übertrifft alle anderen Suchmaschinen. Daher, wenn du Kunden willst, musst du zu Google gehen.

Google-AdWords-Anzeigen kann man auf verschiedene Weise gestalten. Das Normalste sind die allgemein bekannten Textanzeigen. Man kann jedoch auch Display- und Videoanzeigen schalten. Auch die bereits angesprochenen Shoppinglisten sind weiterhin machbar. Diese befinden sich dann jedoch auf der rechten Seite. Dann gibt es auch noch die Downloadanzeigen.

Gute Anzeigen für eine Homepage mit Google AdWords zeigen die eigene Seite als einen Link, aber nicht nur das. Sitelinks, also Links zu den Unterseiten, sind dabei sehr wichtig und sollten immer eingebaut werden. Sitelinks lassen die eigene Anzeige größer werden.

Damit wirkt die eigene Homepage größer und wichtiger. Die Links fallen eher ins Auge. Ebenso kann ein Nutzer direkt auf die von ihm gewünschte Unterseite gelangen und muss sich nicht erst auf die Hauptseite der Homepage klicken und sich von dort aus vorantasten.

Sitelinks sind ebenfalls wichtig, um die Absprungrate klein zu halten. Dahinter verbirgt sich der Anteil der Nutzer, die sofort die eigene Homepage wieder verlassen. Dies wird man nicht ganz vermeiden können, doch wer sofort dahin gelangt, wohin er möchte, wird eher motiviert sein, auf der eigenen Homepage zu verbleiben. Das ist der Nebeneffekt des Internets. Mit dieser Informationsflut konfrontiert, möchte man sofort herausfinden, ob man auf der Seite richtig ist. Andernfalls geht man einfach auf eine andere Seite.

Nun haben wir schon den Unterschied zum SEO angesprochen. Natürlich kann und sollte man SEO neben der AdWords-Kampagne anwenden. Das hilft auf lange Sicht, die Anzahl der Kunden zu erhöhen. Für die bezahlte AdWords-Kampagne spricht jedoch mehr, als nur die bereits erwähnte Schnelligkeit, mit der die Ergebnisse erzielt werden.

Die schnellen Erfolge von AdWords-Kampagnen erlauben ein höheres Maß an Flexibilität. Man kann eher auf die Veränderungen des Marktes reagieren, denn was man jetzt eingibt, zeigt schon heute Auswirkungen. Das gilt sowohl für neue Angebote als auch für eine neue Ausrichtung der eigenen Marketingstrategie. Was mit SEO lange Zeit braucht, um überhaupt eine Wirksamkeit aufzubauen bzw. zu entfalten, braucht auch eine lange Zeit, um es den Gegebenheiten des Marktes bzw. den Wünschen der Kunden anzupassen. AdWords dagegen erlaubt, mit neuen Anzeigen bzw. mit einer neuen Ausrichtung der Angebote oder einer neuen Aufmachung der Homepage zu experimentieren. So kann man dank des schnellen Ablesens von Erfolgen die eigene Homepage beständig verbessern.

AdWords erlaubt es nicht nur, eine Anzeige zu schalten. Damit kann man auch den Erfolg der Anzeigen feststellen. Es gibt Tools, die ein ständiges Monitoring der Aktivitäten auf der Webseite und ein Anklicken der Links zeigen. Man weiß also, wie viele Nutzer man wann und wie erreicht hat. Das wiederum erlaubt es auch, das angesprochene Experimentieren erfolgreich durchzuführen. Man kann einfach sehen, womit man erfolgreich ist und was weniger Erfolg zeigt.

Das Gute an AdWords ist auch, dass man den Erfolg sofort der Aktion zuordnen kann. Das erlaubt es, sich auf erfolgreiche Maßnahmen zu konzentrieren. Man schafft damit ein wirksames System der Kostenkontrolle. Für das SEO bezahlt man Autoren und sieht erst lange später, ob deren Texte Erfolg haben. Gleichzeitig wird es schwerer sein, den Erfolg bestimmten Texten zuzuordnen. Man wendet also Kosten auf, ohne diese im Hinblick auf den erreichten Erfolg wirksam unter Kontrolle zu haben.

SEO kann zu einer hohen Absprungrate führen. Man wird einfach eine Menge Nutzer auf die eigene Seite locken, die mit dem dortigen Angebot nicht so recht etwas anfangen können. Das liegt einfach daran, dass mehr als nur die gewollten Keywords gefunden werden. Mit AdWords kann man jedoch gezielt die Keywords bewerben und mit den Sitelinks die Nutzer sofort zu den interessanten Unterseiten bringen. Damit ist die Absprungrate eher klein. Die Ungeduld wird bedient. Wenn dann für den Nutzer geklärt ist, dass er mit deiner Seite richtigliegt, dann wird er dort auch länger verweilen und vielleicht auch die Aktion durchführen, die du von ihm erwartest, wie zum Beispiel eine Bestellung in deinem Onlineshop.

Branding ist heutzutage in aller Munde. Man will sich mit dem eigenen Angebot von der Konkurrenz abgrenzen. Das Branding hat jedoch eine zwingende Voraussetzung. Die eigene Marke muss gesehen werden. Nur wenn die Kunden, die an dem eigenen Angebot ein grundsätzliches Interesse haben, dieses auch sehen, kann Branding eine Chance auf Erfolg haben. SEO führt dazu, dass viele Nutzer die eigene Seite sehen werden, doch nur Wenige werden ein echtes Interesse daran haben. AdWords dagegen bringt dank der gezielten Anwendung nur die wirklich Interessierten auf die eigene Webseite. Die Folge ist, dass diejenigen, die sich an die eigene Marke erinnern werden, diese auch zu sehen bekommen. Dies sind dann auch diejenigen, die später zu einem Kunden werden.

Je mehr deine Seite angeklickt wird, desto besser wird ihr Ranking. Eine AdWords-Kampagne kann damit eine SEO-Kampagne wirkungsvoll unterstützen, indem einfach die Anzahl deiner Klicks nach oben getrieben wird. Umgedreht unterstützt eine SEO-Kampagne auch AdWords, denn es wird nur eine begrenzte Anzahl von Anzeigen, insgesamt 4, gleichzeitig gezeigt. Wenn man nicht unter den 4 ist, kann man immer noch über die SEO-Kampagne gefunden werden.

Hier kommen wir gleich zu dem Grund, warum eine SEO-Kampagne die AdWords-Kampagne unterstützen sollte. Der Grund ist das Bezahlsystem von AdWords. Das funktioniert nämlich über das Pay-per-Click. Dies hat seine Vorteile aber auch seine Nachteile.

Die Vorteile liegen darin, dass man nichts bezahlt, solange man nicht erfolgreich ist. Die Anmeldung bei AdWords ist kostenlos. Das Erstellen einer Anzeige kostet ebenfalls nichts. Du bezahlst nur dann, wenn jemand auf deine Anzeige klickt. Jetzt musst du aber nicht erschrecken. Der dabei zu bezahlende Betrag ist nicht unendlich groß. Man gibt bei AdWords eine Grenze pro Tag ein. Wird diese erreicht, dann verschwindet die Anzeige für den Rest des Tages. Das bedeutet also, wenn man nur wenige Klicks bekommt, ist die Anzeige lange zu sehen.

Pay-per-Click hat aber auch seine negativen Seiten. So bleibt die Anzeige nur so lange sichtbar, bis der Höchstbetrag noch nicht überschritten wurde. Sobald dieser jedoch erreicht wird, verschwindet die Anzeige, bis zum nächsten Tag. Dann kommt die SEO-Kampagne ins Spiel. Dann kann man nämlich über diese noch immer auf Seite 1 der Trefferliste von Google stehen.

Ein weiterer Nachteil ist die Absprungrate. Für Google AdWords ist es nicht von Belang, ob ein Nutzer auf der eigenen Seite bleibt, sobald er den Link angeklickt hat. Man bezahlt auch für denjenigen, welcher die eigene Seite sofort wieder verlässt. Daher sollte man keine falschen Versprechungen machen und die AdWords-Anzeige bzw. -Kampagne genau ausrichten, damit die Absprungrate möglichst niedrig bleibt.

Das Gute hinsichtlich der Absprungrate ist, dass meistens nur die Nutzer, die auch wirklich ein Interesse am eigenen Angebot haben, die eigene Seite anklicken werden. Damit sollte die Absprungrate also schon von Haus aus kleiner sein, solange man sie nur genau genug ausrichtet.

Wie gesagt, werden nur die 4 Anzeigen von AdWords gleichzeitig angezeigt. Welche 4 das sind, entscheidet sich nach verschiedenen Kriterien. Neben dem Preis ist es auch die Qualität der eigenen Webseite. Auch hier ist also das SEO wichtig, damit die Qualität der eigenen Seite hoch genug ist, damit man auch wirklich mit seiner eigenen Anzeige erscheint.

Nun erscheint AdWords nach dem hier Dargelegten sehr kompliziert. Man muss die Kampagne genau ausrichten, man braucht SEO, dann ist da die Absprungrate und das Pay-per-Click. Wie so vieles in Leben ist auch AdWords nur dann wirklich kompliziert, wenn man es sich als Ganzes ansieht, und nicht Stück für Stück.

Wer schrittweise vorgeht, der kann auch AdWords bald beherrschen. Am Anfang sollte man mit wenig Geld ein wenig experimentieren, damit man die einzelnen Funktionen kennenlernt. Dann, wenn man sich mit der Systematik vertraut gemacht hat, kann man so richtig mit einem ordentlichen Budget loslegen.

Einen guten Erfolg mit AdWords kann man dann erreichen, wenn man in ein paar einfachen Schritten vorgeht. Man findet und verwendet effiziente Keywords. Man verwendet die vielen Funktionen von AdWords richtig. Man verfolgt eine nützliche Strategie. Man gestaltet sinnvolle Landingpages und man trackt die Conversions. Jeder Teil, für sich gesehen, ist nicht schwer. Damit dabei auch nichts schiefgeht, fangen wir im nächsten

Kapitel zuerst mit den wichtigen Regeln für eine erfolgreiche Kampagne an. Dann sehen wir uns die einzelnen Schritte Stück für Stück gemeinsam an. Danach gibt es wichtige Tipps und Tricks. Natürlich wollen wir auch die typischen Fehler nicht vergessen und am Ende gibt es noch ein kleines Fazit. Zusammengenommen ist das dein Leitfaden zu einer erfolgreichen Kampagne in AdWords.

Wichtige Regeln für eine erfolgreiche Kampagne

AdWords ist ein Werbesystem, keine Agentur. Sprich, man schreibt dem System vor, was man möchte. Es gibt keine Leute dahinter, die aus den eigenen Vorgaben eine funktionierende Kampagne machen. Man selbst bestimmt, wie die Kampagne abläuft. Daraus ergibt sich eine simple Wahrheit: Wer ungezielt vorgeht, bezahlt teures Lehrgeld, ohne dafür greifbare Erfolge zu erzielen. Daher muss man schon vor der ersten Anzeige einen Plan entwickeln.

Die meisten Anwender, wenn sie noch neu sind, fürchten sich ein wenig vor AdWords, weil es kompliziert aussieht. Die Bedienung ist jedoch weitestgehend selbsterklärend und leicht zu erlernen. Dazu hält Google selbst Schritt-für-Schritt-Anleitungen bereit, um dir dabei zu helfen, dich zurechtzufinden. Damit kann man schnell eine Anzeige aufgeben und damit Geld in das Werbesystem schießen. Was ein wenig mehr Zeit braucht, ist, die Anzeige entsprechend auszurichten. Daher gibt es hier ein paar wichtige Grundregeln, damit der Anfang eben keine Geldverschwendung wird.

Wie gesagt, die Komplexität von AdWords schreckt ab. Darauf haben die Entwickler bei Google reagiert. Es gibt eine stark vereinfachte Version, den AdWords-Express. AdWords-Express sieht auf den ersten Blick sehr einfach und damit einladend aus und zieht die meisten Anfänger an. Leider bedeutet das nichts Gutes. Als Anfänger weiß man oftmals nicht, dass dies mehr negative Auswirkungen hat, als man denkt. Das Problem jedoch sind die Streuverluste und die angesprochene Absprungrate.

AdWords-Express erlaubt es nicht, eine Kampagne wirklich auf eine Zielgruppe zuzuschneiden. Dafür sind die Optionen und Einstellungen einfach zu begrenzt. Das Gleiche lässt sich auch für die Auswertung sagen. Auch hier sind die Informationen zu sehr zusammengefasst und vereinfacht. Dadurch wird die Anzeige Nutzern gezeigt, die sich einfach nicht dafür interessieren. Die Folge ist, dass die Anzeige nicht angeklickt wird.

Das Nicht-Anklicken der Anzeige erscheint nun auf den ersten Blick kein Problem zu sein. Dank dem Pay-per-Click bezahlt man ja nur, wenn man angeklickt wird. In anderen Worten, bei weniger Klicks bleibt die Anzeige länger sichtbar, ohne dass dabei mehr Kosten entstehen. Ist es aber wirklich das, was man möchte? Will man die Anzeige Leuten zeigen, die sich nicht dafür interessieren und sie daher auch nicht anklicken? Oder anders gesagt: Man wird vielleicht Aufmerksamkeit erregen, jedoch kaum neue Kundschaft damit anlocken. Zugleich wird die Anzeige denen vorenthalten, die das

Angebot anspricht. Diese werden also nicht auf die eigene Seite gebracht und können so nicht zu neuen Kunden werden. Das ist jedoch noch der weniger schädliche Teil.

Der wirklich schädliche Teil kommt mit der Absprungrate. Nutzer, für die das Angebot eigentlich uninteressant ist, klicken auf den Link. Damit kosten sie schon einmal Geld. Dann jedoch entdecken sie auf der eigenen Seite, dass das dortige Angebot nichts für sie ist und sie verschwinden wieder. Das bedeutet jedoch nicht nur, dass man für diesen Klick sinnlos bezahlt hat. Jeder Klick bringt die Anzeige an das Tageslimit. Daraus folgt, dass sie irgendwann durchgeklickt ist und nicht mehr erscheint. Sie kann dann nicht diejenigen erreichen, an die sich das Angebot wirklich wendet. Dies ist ein teurer Spaß.

Für jeden Anfänger kann man daraus folgend nur sagen: „Finger weg von AdWords-Express!" Anstatt alles unnützerweise, ja geradezu schädlich, vereinfacht vorzufinden, muss man eben in den sauren Apfel beißen und sich mit der vollen Auswahl an Optionen vertraut machen. Das klingt nun nicht berauschend, doch man muss nicht erst IT oder Marketing studieren, um sich durch die Menüs durchzufinden. Sie sind nicht wirklich so schwer.

Fängst du jetzt an, dich mit dem richtigen Google AdWords vertraut zu machen, dann brauchst du vor allem die richtige Strategie bzw. das richtige Ziel. Es nützt nichts, einfach mal so drauflos zu probieren. Das kostet nur Geld und schafft keine Ergebnisse. Das Ziel muss dabei so konkret wie möglich formuliert werden.

Nehmen wir zum Beispiel einen Onlineshop. Dieser ist neu und verkauft Produkte, zum Beispiel Handtaschen, die schon bekannt sind. Hier kann man sein Ziel direkt auf den Verkauf dieser Produkte ausrichten und dementsprechend die Anzeige aufbauen und die Keywords auswählen.

Jetzt machen wir das Beispiel ein wenig komplizierter. Wir nehmen wieder den Onlineshop. Dieser verkauft jetzt jedoch ein Nischenprodukt, welches entweder ganz neu ist oder von den meisten Leuten nicht wahrgenommen wird. Hier sollte man die Kampagne nicht auf den Verkauf ausrichten. Niemand wird ein Angebot wahrnehmen, dessen Inhalt ihm nicht bekannt ist bzw. für das er sich nicht interessiert. Es gilt also zuerst, die Bekanntheit des Produktes zu steigern und dann einen Bedarf daran zu wecken.

Machen wir aber das Beispiel noch komplizierter. Ein Onlineshop ist eine einfache Angelegenheit. Man klickt auf ein Produkt und kauft es. Was aber, wenn das Produkt viel umfangreicher ist? Zum Beispiel kann es sich dabei um den Neubau eines Hauses handeln, also mehr ein Service, dem viele Fragen, Begehungen und Verhandlungen vorangehen. Auch hier kann man die Kampagnen nicht auf den Verkauf ausrichten. Hier geht es um den Aufbau der eigenen Bekanntheit und darüber hinaus auf das Wecken von Vertrauen.

Das richtige Ziel ist die halbe Miete. Das richtige Ziel ist der Ausgangspunkt für die richtige Strategie. Daher muss man vor jeder Kampagne erst einmal das eigene Angebot genau kennen. Dann muss man sich in seinen potenziellen Kunden versetzen. Am besten nimmt man dabei unterschiedliche Kunden an. Denkbar sind Kunden, die direkt kaufen wollen, Nutzer, die nur ein allgemeines Interesse haben, jedoch zu Kunden werden können, Nutzer, die das Angebot nicht kennen und die erst einmal damit bekannt gemacht werden müssen, damit sie über kurz oder lang zu einem Kunden werden. Welcher dieser potenziellen Kunden ist der wahrscheinlichste, den man im Internet anspricht und was würde man als dieser Kunde wissen bzw. sehen wollen? Das gilt eben nicht nur für das eigene Angebot, sondern auch für die Werbung. Diese ist die erste und mitunter die einzige Chance, einen überzeugenden Eindruck zu hinterlassen oder zumindest einen Eindruck, der genug Vorarbeit für ein späteres Überzeugen liefert.

Im Weiteren braucht man eine gewisse Struktur für die Kampagne. Das bedeutet, dass man verschiedene Anzeigen für verschiedene Zielgruppen aufbaut. Das klingt beschwerlich, doch es besteht ein Unterschied in den Nutzern und deren Bedürfnisse, die man mit verschiedenen Keywords anzieht. Wenn jemand nach einem Preisvergleich für ein bestimmtes Produkt sucht, dann muss man ihn auf eine andere Weise überzeugen als jemand, der nach Reviews über das Produkt sucht. Unterschiedliche Produkte haben auch unterschiedliche Untergruppen. So kann zum Beispiel eine Suche nach einem „Schmerzmedikament" eine andere Kundschaft bringen, als eine Suche nach „Schmerz, Homöopathie".

Ähnliche Keywords, die jedoch verschiedene potenzielle Kunden mit unterschiedlichen Interessen ansprechen, gehören in verschiedene Anzeigen. Eine Anzeige mit einer Gestaltung und nur einem Text kann nicht so unterschiedliche Gruppen an Nutzern bedienen. Eine Anzeige sollte auf nur eine Gruppe an Nutzern ausgerichtet sein, damit ein maximaler Überzeugungseffekt erzielt wird.

Keywords sind der Schlüssel zum Erfolg. Sie sind die Wörter, nach denen der Nutzer sucht und über diese Wörter werden ihm die Anzeigen gezeigt. Für die Keywords gibt es verschiedene Optionen. Dabei ist es wichtig, für die eigenen Keywords die richtige Option zu wählen und die Option „Weitestgehend passend" zu vermeiden.

Für die Keywords hast du 5 verschiedene Optionen. Diese unterscheiden sich in der Genauigkeit und in der Schreibweise. Die Option „weitestgehend passend" erscheint verführerisch. Diese Option wird auch als Broad Match bezeichnet. Nehmen wir als Keywords „Handtasche" und „kaufen". Diese gibt man unter dieser Option einfach so ein: Handtasche kaufen. Dies bringt dann aber als Ergebnis auch andere Treffer, die eben nur so ähnlich sind. Das kann aufgrund des sehr breiten semantischen Verständnisses von Google auch zu sehr abenteuerlichen Ergebnissen führen und die eigenen Handtaschen auch denen als Anzeige zeigen, die überhaupt keine Handtasche kaufen wollen.

Eine andere Option ist der Phrase Match. Hier wird auf eine Wortgruppe abgestellt. Diese Wortgruppe gibt man so ein: „Handtasche kaufen". Nun muss diese Wortgruppe nur so in der Suchanfrage auftauchen, um dem Nutzer gezeigt zu werden. Dabei können vor oder nach dieser Wortgruppe noch andere Wörter stehen, das ist nicht weiter von Belang.

Eine weitere Option ist der Modified Broad Match. Hier gibt man die Suchwörter so ein: +Handtasche +kaufen. Diese Suchwörter müssen nun nur noch in der Suchanfrage irgendwo auftauchen. Ihre Reihenfolge ist dabei ebenso unerheblich wie andere Wörter, die davor oder danach auftauchen.

Die genaueste Option ist der Exact Match. Hier gibt man die Suchwörter mit einer Klammer ein: [Handtasche kaufen]. Es wird nur den Nutzern die Anzeige gezeigt, die genau diese Wörter in dieser Reihenfolge und ohne Wörter danach bzw. davor für ihre Suchanfrage eingeben.

Unterschiedliche Exaktheit hat unterschiedliche Auswirkungen. Will man nur etwas in einem Onlineshop verkaufen, dann sollte man auch nur die Nutzer zu einem Klick, für den man bezahlt, bewegen, die auch wirklich kaufen wollen. Damit sollte also unbedingt der Exact Match verwendet werden. Will man sein Angebot erst einmal bekannt machen, dann kann die Anzeige auch mehr Nutzern gezeigt werden. Dennoch sollte man auf den Broad Match verzichten, denn hier wird die Anzeige auch den Nutzern gezeigt, die damit nichts anfangen können.

In diesem Bereich ist es auch wichtig, zu überprüfen, welche Suchanfragen genau gestellt werden. Damit kann man die eigene Anzeige genauer auf die Nutzer abstimmen. Dies gilt auch und vor allem im Hinblick auf das Conversionstracking. Dieses stellt den Erfolg der Kampagne fest und man sollte die Keywords auf die Nutzer ausrichten, die auch tatsächlich den gewünschten Erfolg, zum Beispiel einen Verkauf, bringen.

Finde die richtigen Keywords

Nun haben wir die Keywords schon einige Male erwähnt. Sie sind der Schlüssel für die Nutzer zu den Suchanfragen. Sie sind auch der Schlüssel zu den Nutzern, um die Anzeigen in AdWords den richtigen Nutzern zu zeigen. Daher muss man wissen, was Keywords eigentlich sind, wie man die richtigen Keywords findet und wie man sie richtig einsetzt.

Kommen wir zur ersten Frage: Was sind Keywords eigentlich? Suchmaschinen enthalten einen Index. In diesem Index werden die Inhalte von Webseiten bestimmten Schlagwörtern, den Keywords, zugeordnet. Sie ermöglichen es, eine Relevanz zwischen einem Text und einer Suchanfrage herzustellen.

Suchwörter spielen im Bereich des SEO und dem Bereich von AdWords eine herausragende Rolle. Auch hier unterstützt das eine wieder das andere. Beide stellen auf die Funktionalität der Suchmaschinen ab.

Im Bereich des SEO werden die Keywords in den Texten verwendet, damit Google und Co diese Texte finden können. Gleichzeitig sind die Texte so gestaltet, dass sie den Anforderungen von Google entsprechen. Sie orientieren sich an den Algorithmen, nach denen Google und Co erkennen, ob ein Text leicht lesbar ist.

Dabei muss der Text aber auch für den Menschen, also die Nutzer, die ihn finden, ansprechend sein.

Im Bereich von AdWords ist dieser Vorgang einfacher. Dort bestimmt man, bei welchen Keywords die eigene Anzeige gezeigt werden soll. Dieses Vorgehen ist direkt und, richtig angewendet, schafft eine sofortige Relevanz der eigenen Seite für eine entsprechende Suchanfrage.

Aus beidem ergibt sich, dass es sehr wichtig ist, die Keywords zu finden bzw. zu verwenden, die für die potenzielle Kundschaft am interessantesten sind. Im vorigen Kapitel wurde bereits dargestellt, welche unterschiedlichen Optionen es hinsichtlich der Genauigkeit der Suchanfrage gibt und wie man diese Option richtig verwendet. Es sei hier noch einmal darauf hingewiesen, dass eine zu weite Option bzw. zu weite Verwendung von Keywords zu Streuverlusten, einer hohen Absprungrate und vergeblich ausgegebenen Werbemitteln führt. Das ist schädlich, wenn man ein Produkt verkaufen will. Wenn man jedoch ein Produkt erst bekannt machen möchte, dann kann eine weite Verwendung von Keywords doch schon seine Vorteile haben. Hier gilt jedoch weiterhin, dass ein Broad Match zu weit ist.

Je genauer man seine Keywords verwendet, desto eher bringt man die Nutzer in den Conversion-Funnel. Das ist der Trichter, in denen die Nutzer zusammengebracht und die nötigen Schritte entlanggeführt werden, die nötig sind, um ein Produkt zu verkaufen. Dies kann direkt zum Kauf gehen oder aber mit einer Vorstellung des Produktes oder sogar erst mit einer Vorstellung der entsprechenden Nische beginnen. Wo der Funnel genau anfängt, das hängt von dem potenziellen Kunden ebenso sehr wie von der eigenen Seite ab.

Neben einer exakten Verwendung der Keywords sind auch passende Landingpages ein sehr wichtiger Punkt, auf den man achten muss. Dafür gibt es später ein eigenes Kapitel. Hier sei nur darauf hingewiesen, dass die Keywords den Inhalt der Landingpages widerspiegeln müssen. Das wiederum bringt auch Pluspunkte im Bereich des SEO.

Um die richtigen Keywords zu finden, muss man auch die Suchanfragen unterschiedlich klassifizieren, um die Keywords diesen korrekt zuzuordnen bzw. auf diese abzustimmen. Es gibt im Wesentlichen drei Arten von Suchanfragen. Dazu gehören die reine Anfrage nach Informationen, die Actions und die Navis.

Die Anfrage nach Informationen zielt genau darauf ab, nämlich den Erhalt von Informationen. Es kann nach Fakten, nach Meinungen oder nach anderen Informationen gesucht werden. Solche Anfragen können so aussehen: Höhe Mount Everest; Preisvergleich Smartphones; Autopflege für den Winter. Hinter all diesen Anfragen steht der Wunsch, eine bestimmte Information zu erlangen. Manchmal kann diese Information die Grundlage einer Kaufentscheidung bilden, wie zum Beispiel „Reviews iPhone", doch oftmals sind sie eben nur dazu da, eine bestimme Neugierde zu befriedigen. Andererseits können Suchanfragen nach Informationen dann wichtig werden, wenn man ein bis Dato unbekanntes Produkt oder Angebot bekannt machen möchte. Sie wirken also im Bereich des Branding für dich.

Weit interessanter für die Anbieter von Produkten oder Dienstleistungen sind die Anfragen nach einer Aktion. Diese können so aussehen: Download App; Öffnungszeiten Restaurant X; Handtasche kaufen. Mit einer solchen Anfrage geht es immer darum, eine Aktion, wie eben einen Download, einen Restaurantbesuch oder den Kauf einer Handtasche, auszuführen. Wer etwas Entsprechendes anzubieten hat, ist mit Keywords für solche Anfragen auf der sicheren Seite.

Die Anfragen zur Navigation im Internet können sowohl einfach der Orientierung dienen, dahinter kann sich aber auch mitunter eine Kaufabsicht verbergen. Die Anfrage „Chanel" kann eben nur dazu dienen, eine Chanel-Seite zu finden. Ebenso gut kann dahinter aber auch die Absicht stecken, ein Chanel-Produkt zu kaufen. Daher macht es hier schon Sinn, diese Anfragen auch für die eigenen Angebote mit zu berücksichtigen.

Wenn man mit allen diesen Suchanfragen arbeiten möchte, dann muss man diese auch entsprechend nutzen. Wer eine Anfrage für Informationen benutzt, der steckt am Anfang eines Themas. Hier sollte die daraufhin gezeigte Anzeige keinen Verkauf, sondern eben mehr Informationen zu diesem Thema anbieten. Wer dagegen über die Navi-Anfrage nach Marken schaut, der hat schon Vorwissen und muss nur noch über den eigenen Verkauf dieser Marke informiert und davon überzeugt werden. Wer dagegen eine Action-Anfrage eingibt, der will nicht überzeugt werden. Dieser Nutzer ist bereits überzeugt und möchte nur noch den eigentlichen Kauf tätigen.

Hieraus wird noch einmal deutlich, dass eine Verwendung von Broad Matches dazu führt, dass die Anzeige den falschen Nutzern gezeigt wird. Es ist besser, für jeden dieser Nutzer, für die Anfrage nach Informationen, Action oder Navigation, eine eigene Anzeige genau auf die damit verknüpften Bedürfnisse einzustellen. Dann kann die Überzeugungsarbeit bzw. der Verkaufsabschluss wirklich beginnen bzw. erreicht werden. Man muss also seine Anzeige und die damit verbundenen Keywords auf Zielgruppen ausrichten und sich strikt auf diese konzentrieren.

Nun steht die Frage an, wie du die Keywords eigentlich findest. Den Ansatz hierfür findest du im Kopf des potenziellen Kunden. Du musst dich in diesen hineinversetzen und dich fragen, wie du eine Suche nach deinem Angebot gestalten würdest. Was würdest du eintippen? Dazu kommt natürlich und vor allem, zu welcher Kategorie von Produkten bzw. Dienstleistungen dein Angebot zählt. Ebenso ist es wichtig, was du erreichen willst. Soll dein Angebot bekannt gemacht oder verkauft werden? Das alles sind unterschiedliche Ansätze mit unterschiedlichen Keywords.

Eine weitere Grundlage bilden neben dem eigentlichen Angebot auch andere Dinge, die damit in einem Zusammenhang stehen. Das können Eigenschaften des Produktes sein. Ein Winterreifen ist winterfest. Damit kann das Wort „winterfest" ein Bestandteil einer Gruppe von Keywords werden. Neben den Eigenschaften können auch die Verwendungszwecke wichtig sein. Ein Smartphone nutzt man zum mobilen Surfen. „Mobiles surfen" bietet sich da schon von allein als Suchwort an, wenn sich das eigene Angebot um Smartphones dreht. Ebenso kann der eigene Service zu einem Produkt passen. Wer eine Autowerkstatt besitzt, sollte auf jeden Fall das Wort „Auto" mit als Keyword verwenden, auch wenn er eigentlich keine Autos verkauft.

Die Keywords solltest du am besten im Rahmen eines Brainstormings aufschreiben. Dabei ist es gut, so viele wie möglich aufzuschreiben, auch wenn sie auf den ersten Blick abwegig erscheinen. Die vielversprechenden Keywords kannst du dann ganz leicht testen.

Der leichteste Weg ist, sie in die Suchmaske von Google einzugeben. Du wirst schnell sehen, wie der Beginn der eingegebenen Keywords mit Vorschlägen für deren Vervollständigung bedacht wird. Diese Vorschläge richten sich nach den üblichen Suchbegriffen. In anderen Worten, dort siehst du die normalerweise benutzten Suchwörter.

Eine andere Möglichkeit, die eigenen Suchwörter zu testen bzw. weitere Vorschläge zu bekommen, ist der Keywordplaner. Dabei handelt es sich um ein kostenloses Tool für AdWords. Dort kann man Prognosen über den Zugriff auf bestimmte Keywords erhalten bzw. sehen, welche Keywords wie häufig benutzt werden.

Wenn du so gar keine Idee hast, kannst du dir auch komplett neue Vorschläge machen lassen. Auch dafür gibt es Tools. Diese heißen Google Suggest, SEM-Rush, openthesaurus oder übersuggest. Man gibt in diesen Tools nur das eigene Produkt oder die eigene Dienstleistung ein und schon erhält man eine Liste von Keywords, die man verwenden kann.

Jetzt hast du eine Liste mit Vorschlägen und auf welche sollst du nun setzen? Ja, die Frage kommt und es ist nicht leicht, eine Antwort dafür zu finden. Die Antwort richtet sich nämlich nach drei Dingen und ist in jedem Einzelfall anders. Sie richtet sich nach dem Volumen, dem Ziel und dem Trial-and-Error.

Das Suchvolumen ist besonders im Hinblick auf die Konkurrenz wichtig. Wenn man eine große Konkurrenz hat und eine Suchanfrage bedient, die oftmals gestellt wird, dann ist die eigene Anzeige schnell weggeklickt. Das Tageslimit ist erreicht und die Anzeigen der Konkurrenz werden gezeigt. Um dies zu verhindern, müsste man tief in die Tasche greifen und ein hohes Tageslimit eingeben. Das jedoch kann nicht jedes Unternehmen leisten und schon gar nicht, wenn es sich noch am Anfang und damit im Aufbau befindet. Ist die Konkurrenz dagegen klein, dann ist ein großes Suchvolumen wiederum von Vorteil, weil man so viele Nutzer erreicht. Dies ist der Jackpot, von dem die meisten träumen, der aber so schwer zu erreichen ist.

Ist das Ziel, das eigene Angebot bekannt zu machen, dann ist ein großes Suchvolumen wichtig. Das gilt besonders dann, wenn die eigene Anzeige dann nicht so oft angeklickt und dafür mehr und öfters gesehen wird. Wenn das Ziel jedoch der direkte Verkauf ist, dann will man nur die Nutzer herausfischen, die wirklich kaufen. Hier kommt es also statt auf die Quantität eines großen Suchvolumens auf die Qualität eines Nutzers mit Kaufabsicht an.

Trial-and-Error, das ist die Methode zur Verbesserung deiner Kampagne und deiner Seite. AdWords bietet nicht nur Keywords, sondern du bekommst auch eine Auswertung des Erfolges. Dieser besteht in den Aktionen und Conversions. Es ist hier immer ratsam, diese Funktion auszunutzen, indem man beständig experimentiert. Man versucht also neue Suchwörter und kann so die eigenen Keywords immer mehr verfeinern. Man zielt somit nicht darauf ab, es gleich einhundertprozentig richtig zu machen, sondern einen Erfahrungsschatz als die Basis eines späteren Erfolges aufzubauen.

Wie du eine Kampagne gestaltest

Jetzt haben wir die Regeln für eine erfolgreiche Kampagne angesprochen. Es war dies das Vermeiden von AdWords-Express. Das Finden des richtigen Zieles mit der richtigen Strategie. Dazu kommt die richtige Struktur, also das Präsentieren verschiedener Anzeigen zu unterschiedlichen Suchanfragen. Wir haben uns auch mit der Genauigkeit der Keywords befasst und dazu haben wir auch schon geklärt, was Keywords sind, wie man sie findet und richtig anwendet. Nun wird es Zeit, dieses Wissen zu nutzen und eine Kampagne zu gestalten. Wir werden erklären, wie man eine neue Kampagne einrichtet, eine Anzeigengruppe anlegt, Anzeigen gestaltet und schlussendlich die Anzeigengruppe überprüft.

Alles beginnt mit einem Account. Wenn du noch keinen hast, dann leg ihn jetzt an. Dabei gibt es aber etwas sehr Wichtiges zu beachten. Google erlaubt das Verwenden von mehreren E-Mail-Adressen. Google hat jedoch viele verschiedene Produkte, von denen AdWords eben nur eines ist. Man möchte vielleicht später seinen AdWords-Account zum Beispiel mit seinem Account in Google Analytics verbinden. Das ist immer dann von Vorteil, wenn man mehrere Kampagnen in verschiedenen Accounts zusammen auswerten möchte, um ein vollständiges Bild über den Erfolg der eigenen Homepage zu erhalten. Damit dies später ohne Probleme möglich ist, solltest du für alle Produkte die gleiche E-Mail-Adresse verwenden. Dann ist das Verbinden der verschiedenen Accounts kein Problem.

Hast du deinen Account erstellt, dann wird es zuerst einmal Zeit, die Google AdWords zu erkunden. Man sollte wissen, was es gibt, damit man seine Kampagne richtig auf die eigenen Bedürfnisse abstellen und alle Funktionen maximal nutzen kann.

Wenn du dich anmeldest, landest du auf der Startseite deines Accounts. Dort gehst du auf den Punkt „Kampagnen". Hier ist alles noch leer und übersichtlich, denn du hast noch keine Kampagne erstellt. Um eine neue Kampagne zu erstellen, klickst du einfach auf „+Kampagne". Jetzt wird dir eine Option präsentiert. Du kannst deine Kampagne nur für Google erstellen oder für Google und seine Partner. Die Partner sind dabei andere Seiten, die für ihre Suchanfragen auf Google zurückgreifen. Am Anfang kann es sinnvoll sein, sich auf Google zu beschränken. Dann kannst du leichter einen Überblick gewinnen. Später, wenn du sicherer in der Materie stehst, kannst du die Kampagne auf die Partner von Google ausweiten.

Du legst die Kampagne also auf „Nur Suchnetzwerk" fest. Die anderen Optionen sind später interessant. Sie bieten Display- und auch Videoanzeigen, unter anderem auch auf YouTube, an. Wie gesagt, das ist etwas zu viel für den Anfang.

Für den gewählten Typ der Kampagne kannst du noch eine Funktion auswählen. Zur Auswahl stehen „Standard", „Alle Funktionen" und „Marketingziele". Auch hier sollte man sich auf die einfachste Option, die Option „Standard", beschränken, bis man etwas sicherer in der Materie steht.

Eine weitere wichtige Funktion kann das Festlegen der Region bzw. des Ortes sein. Für einen Onlineshop ist das weniger wichtig, wer jedoch sein Restaurant oder sein örtliches Geschäft bewirbt, der sollte die Werbung über diese Einstellung auch wirklich auf seine Region beschränken. Es ist einfach kaum anzunehmen, dass jemand von Hamburg nach München fährt, nur weil er in einem bestimmten Restaurant essen möchte, welches er bei Google gefunden hat.

Du kannst deine Region über Ortsnamen, über Postleitzahlen oder einer Entfernungseinstellung zu einem bestimmten Ort bestimmen. Ist die Region komplett eingestellt, dann klicke nur noch auf „Fertig" und deine Ortseinstellung wird übernommen.

Nach der Region folgen die Spracheinstellungen. Nun, das scheint auf den ersten Blick sehr einfach. Man sollte jedoch nicht vergessen, dass die Käufer in einem Onlineshop, die Besucher in einem Restaurant oder allgemein die Leute in einer Region auch mitunter eine andere Sprache sprechen. Hier kann man über die Spracheinstellungen seine Keywords für diese Klientel einrichten. Hier gilt jedoch festzuhalten, dass dies nicht automatisch die Anzeige übersetzt. Wenn man also zum Beispiel englische Keywords verwendet, dann sollte die dann gezeigte Anzeige auch idealerweise in Englisch abgefasst sein.

Die Spracheinstellungen kann man auch für die Einstellungen der verwendeten Browser eingeben. Nun muss man wissen, dass viele deutsche Internetnutzer ihren Browser in Englisch verwenden. Es wäre also doch angebracht, auch diesen die eigene Anzeige zu zeigen.

Im nächsten Schritt geht es darum, die Kosten bzw. den finanziellen Einsatz für die Kampagne festzulegen. Nicht vergessen, AdWords arbeitet nach der Pay-per-Click-Methode. Man muss also für jeden Klick bezahlen. Daraus ergeben sich zwei Werte, die man einstellen muss.

Der erste Wert ist das Gebot für jeden Klick. Am Anfang sollte man dies auf „Manueller CPC" einstellen. CPC bedeutet Cost per Click. Später kann man diesen Wert automatisch einstellen lassen. Er richtet sich vor allem nach dem Wert des Keywords aufgrund des Suchvolumens und der Konkurrenz. Am Anfang fehlen jedoch zumeist Vergleichsdaten, sodass eine manuelle Einstellung gewählt werden muss.

Wenn du dein Gebot pro Klick eingibst, solltest du dich an verschiedenen Werten orientieren. Du musst wissen, was es dir wert ist, dass jemand deinen Link anklickt. Dies entscheidet sich nach der Menge der gewünschten Klicks und der Marge aus dem Preis für dein Produkt oder deine Dienstleistung. Hier kann dir der Keywordplaner helfen. Er kann dir Vorschläge für dein Keyword machen.

Als Nächstes musst du dein Budget für jeden Tag eingeben. Wie viel Geld bist du bereit, jeden einzelnen Tag für die Klicks zu bezahlen. Dieser Wert ist nicht genau. Manchmal wird er unter- und manchmal wird er überschritten. Das ergibt sich aus den Umständen, wie zum Beispiel der Konkurrenz, dem Suchvolumen oder auch der Anzahl der Leute, die überhaupt auf den Link klicken. Dabei wird auch berücksichtigt, wie oft der Link zuvor angeklickt wurde. So wird ein Budget am Dienstag schon einmal etwas überschritten, wenn der Rahmen am Montag nicht voll ausgeschöpft wurde. Man kann jedoch sichergehen, dass das Budget nicht extrem überschritten wird. Wer also 10 € Tagesbudget eingibt, wird nicht bei Kosten von 100 € für einen Tag enden. Es ist jedoch möglich, dass man für einen einzelnen Tag auch mal 11 € bezahlen muss. In anderen Worten, über den gesamt gewählten Zeitraum werden die tatsächlichen Kosten ungefähr mit den eingestellten Kosten in Einklang gebracht.

Später, wenn du dann schon mehr Erfahrung gesammelt hast, kannst du die weiteren Funktionen verwenden. Am Anfang reichen diese Einstellungen jedoch, bis du dich an die einzelnen Funktionen gewöhnt hast.

Nachdem die erste Kampagne in ihren Grundeinstellungen so weit vorbereitet ist, braucht sie jetzt eine Anzeigengruppe. Der erste Schritt ist nun, die Zielseite in das entsprechende Feld einzugeben. Google AdWords wird nun erste Vorschläge für deine Anzeigengruppe machen. Wähle einen entsprechenden Namen aus oder lege einen völlig neuen Namen fest. Unter diesem Namen wirst du später wieder die Anzeigengruppe auswählen. Daher sollte der Name aussagekräftig und vor allem eindeutig für diese Seite und diese Kampagne sein.

Nun gibst du den Preis für einen Klick ein. Der Standardsatz sollte hier genügen. Man kann später noch an diesem Wert herumfeilen. Nun kommen wir zum wichtigsten Schritt.

Wir haben die Wichtigkeit der Keywords bereits im letzten Kapitel behandelt. Noch einmal, die Keywords sind die Wörter, mit denen du denkst, dass deine potenzielle Kundschaft sie für eine Suchanfrage bei Google verwendet. Sobald diese Keywords von einem Nutzer eingegeben werden, wird ihm deine Anzeige präsentiert. Gut, es ist ein wenig komplizierter im Detail, doch der grobe Rahmen stimmt so.

Die Keywords bringen die Nutzer auf deine Webseite. Sind sie auf Broad Match gestellt, wirst du viele Besucher bekommen, doch den meisten wird deine Webseite nicht zusagen. Wenn du sie auf Exact Match stellst, dann wirst du nur wenige Besucher auf deine Seite bringen, doch denen wird sie mit Sicherheit gefallen.

Die Auswahl des Modified Broad Match hat den Vorteil, dass Singular und Plural nicht zählen und auch Suchanfragen mit Rechtschreibfehlern erfasst werden. Hier ist es schwer, abzuwägen und die Kriterien wurden bereits im vorigen Kapitel behandelt.

Neben den bereits besprochenen positiven Keywords lohnt es sich auch oftmals, negative Keywords zu benutzen. Positive Keywords definieren, wann einem Nutzer die Anzeige gezeigt wird. Tippt er diese Keywords ein, dann wird ihm die Anzeige gezeigt. Negative Keywords bringen genau das Gegenteil. Werden sie eingetippt, dann wird die Anzeige nicht gezeigt.

Nehmen wir ein Beispiel. Sagen wir, auf deinem Onlineshop vertreibst du Handtaschen. In deinem Angebot sind keine Handtaschen von Chanel vertreten. Du willst nur die Nutzer erfassen, die wirklich deine Handtaschen kaufen wollen. Dann gibst du als Exact Match diese Keywords ein: [Handtasche kaufen]. Dies sind die positiven Keywords, die die Anzeige zum Nutzer bringen. Dazu gibst du noch das negative Keyword Chanel ein. Tippt nun ein Nutzer „Handtasche kaufen" bei Google ein, dann erscheint deine Anzeige. Tippt ein Nutzer jedoch „Chanel Handtasche kaufen" in die Suchmaske, dann verhindert das negative Keyword Chanel, dass ihm die Anzeige gezeigt wird. Damit klickt dieser Nutzer nicht auf deine Anzeige, denn er könnte dorthin ohnehin keine Handtasche von Chanel finden.

Die Empfehlung von Google AdWords für positive Keywords lautet 20. Das bedeutet, AdWords empfiehlt dir, 20 Keywords für eine Anzeigengruppe zu benutzen. Dies kann jedoch zu Streuverlusten führen. Unterschiedliche Keywords bringen unterschiedliche Erwartungen. Um diesen gerecht zu werden, ist es besser, nur eines oder nur wenige Keywords per Anzeigengruppe zu verwenden.

Um die Anzeigengruppe abzuschließen und zur Erstellung der eigentlichen Anzeige zu gelangen, klickst du nun auf „Weiter zu den Anzeigen". Im nächsten Bildschirm kannst du deine Anzeige erstellen.

Im Bildschirm für das Erstellen der eigentlichen Anzeige siehst du ganz oben den Namen dieser Anzeigengruppe und die eingegebenen Keywords. Darunter kommt die URL und dann der Anzeigentitel 1 und danach der Anzeigentitel 2. Auf der rechten Seite siehst du eine Vorschau, wie deine Anzeige für den Nutzer aussehen wird.

Im Anzeigentitel 1 verwendest du das genaue Keyword, auf welches du diese Anzeige auslegst. Dann gibst du die anderen Informationen, wie den Pfad und die Beschreibung ein. Für jedes Feld hält AdWords Empfehlungen bereit. Wenn du diese beachtest, kannst du eigentlich nichts falsch machen.

Hast du alle Informationen und allen Text in deine Anzeige eingetragen, dann überprüfe alles noch einmal. Diese Anzeige ist der erste Eindruck, den du bei deinem potenziellen Kunden hinterlässt. Ist dieser Eindruck negativ, zum Beispiel aufgrund falscher Grammatik, einem schlechten Ausdruck, Rechtschreibfehlern oder einfach nur unverständlichem Text, dann wirst du damit keine potenziellen Kunden anlocken. Daher ist hier alles noch einmal sehr genau zu überprüfen.

Ist alles korrekt, dann kannst du die Anzeige nun fertigstellen oder fertigstellen und pausieren. Natürlich ist es besser, sie nicht zu pausieren, damit du damit auch wirklich jemanden erreichst. Hast du sie nicht pausiert, dann wird es nun einige Minuten dauern, bis sie freigeschaltet ist und die Anzeige auf Google erscheint. Jetzt kannst du diesen Bildschirm verlassen oder du kannst eine weitere Anzeigengruppe erstellen. Die Pausieren-Funktion hat den Vorteil, dass du eine Kampagne jederzeit anhalten und dann erneut starten kannst, ohne sie erst löschen und neu einrichten zu müssen.

Zu deiner Anzeigengruppe kannst du dir jetzt verschiedene statistische Angaben anzeigen lassen. Natürlich ist deren Wert am Anfang gleich null. Damit eine Statistik eine Aussagekraft bekommt, muss sie erst mit Daten gefüllt werden. Je mehr Datensätze vorhanden sind, desto genauer sind die gewonnenen Informationen. Daher solltest du diesen Bereich erst später genauer konsultieren.

Im nächsten Schritt, wenn schon einige Daten gesammelt sind, wird es Zeit, die Strategie zu verbessern. Dazu kann man an der Aufmachung, den Keywords und anderen Einstellungen feilen, bis man die größte Effektivität der Anzeige erreicht hat.

Die richtige Strategie

Nun kennst du bereits die allgemeinen Regeln für eine erfolgreiche Kampagne mit AdWords. Du kennst die Vorteile dieses Werbesystems von Google, weißt, wie man eine Kampagne erstellt, wie man die Keywords dafür findet und einsetzt, jetzt brauchst du noch eine Strategie. Wie immer im Leben, so ist auch bei AdWords eine gute Strategie gleichzusetzen mit Erfolg und mit dem Verhindern von Verlusten. Alles dreht sich bei AdWords um Werbung und man sollte eine alte Weisheit der Werbung nicht vergessen: Die Hälfte des Werbebudgets ist verschwendet, leider weiß man nie, welche Hälfte. Jetzt geht es darum, diese Verschwendung zu finden und zu stoppen. Es geht darum, das Budget auf das Wesentliche, auf das Erreichbare und das, was am meisten einbringt, zu konzentrieren.

Die richtige Kampagne ist eine trickreiche Angelegenheit. Hier kann man zwar allgemeine Regeln und Strategien formulieren, doch jeder muss selbst herausfinden, wie diese einzelnen Punkte auf seine eigene Kampagne anzuwenden sind. Das liegt einfach an den viel zu vielen Faktoren, die den Erfolg einer Werbekampagne mitbestimmen. Darunter fallen der Ort, die Aufmachung, das Produkt selbst, der Preis und Tausende weitere Dinge. Oftmals sind es jedoch die Kleinigkeiten und auch eine gehörige Portion Glück, die den Unterschied zwischen Erfolg und Misserfolg einer Werbekampagne ausmachen. Darum muss das hier Geschriebene so verstanden werden, dass man damit in seiner eigenen Kampagne so lange experimentiert, bis man sie wirklich ausgefeilt hat. Wenn dieser Zustand erreicht ist, dann beginnt die Arbeit jedoch wieder von vorn. Warum? Weil der Markt sich permanent verändert. Was heute richtig ist, ist morgen nur noch teilweise richtig und übermorgen schon falsch. Darum muss man mit den Veränderungen mithalten. Das Experimentieren hört also nie auf.

Eine gute Strategie beginnt immer mit dem richtigen Ziel. Dieses Ziel muss bestimmt genug sein, um es wirklich als Handlungsanhalt verwenden zu können. Es reicht nicht, den Verkauf seines Produktes als Ziel anzunehmen. Das bringt keine Anhaltspunkte, wie man dieses Ziel erreichen will. Besser ist es, ein Volumen, Preis und Ähnliches festzulegen.

Das Ziel muss erreichbar und es muss vor allem realistisch sein. Nur so wirst du dich auch wirklich an dessen Umsetzung machen und vor allem es auch für möglich halten. Hier ist es sehr, sehr wichtig, eine Detailabwägung zu betreiben. So, dass klingt jetzt sehr trocken und hilft eigentlich in diesem Zustand noch nicht. Darum verdeutlichen wir das einmal anhand eines einfachen Beispiels.

Du hast einen Onlineshop eröffnet. Was ist dein eigentliches Ziel? Du willst verkaufen. Dieses Ziel muss nun genauer formuliert werden. Wie viel musst du verkaufen, um damit einen Gewinn für dich zu erzielen? Wie groß muss der Gewinn sein? Hier musst du vor allem zwischen Einnahmen und Kosten abwägen und die Kosten wiederum in fixe Kosten und Kosten für jeden Verkauf einteilen. Jetzt wird das Ganze schon klarer, was mit einer Detailabwägung gemeint ist. Nun gehen wir einfach noch mehr ins Detail.

Ein wichtiger Posten in deinem Budget ist die Werbung. Jede Werbung kostet Geld. Gleichzeitig bringt die Werbung Geld, denn sie bringt dir deine Kunden. Du kannst also auf Werbung nicht verzichten. Was aber willst du mit der Werbung genau erreichen? Welche Verkaufszahlen brauchst du? Willst du der Markführer werden? Ist ein kleiner Anteil am Markt nicht schon ausreichend?

Worauf das Ganze hinausläuft, ist, dass du deine Werbung darauf abstimmen musst, was du erreichen kannst und als Mindestes erreichen musst. In den meisten Fällen heißt das, du musst nicht der Marktführer werden. Du fängst ja erst mal klein an. Dementsprechend solltest du schon mit dem Ranking deiner Anzeige anfangen.

Es ist wichtig, dass deine Anzeige von den Kunden gesehen wird. Das bedeutet jedoch nicht, dass deine

Adresse die Nummer 1 sein muss. Es reicht, die Nummer 2, 3 oder gar nur 4 zu sein. Es ist der Anzeigentext, der die Nutzer von Google dazu bringt, deine Anzeige anzuklicken. Es ist nicht die Stellung. Gleichzeitig kostet es sehr viel, auf der ersten Stelle des Rankings zu stehen. Dafür musst du die Kosten pro Klick sehr hoch ansetzen. Du musst das Tagesbudget ebenfalls hoch ansetzen, um für eine ausreichende Anzahl an Klicks zu bezahlen. Daher ist es oftmals besser, sich mit dem 2. oder auch nur 4. Platz zu begnügen. Damit wird man schließlich noch immer gesehen, und man braucht nicht so viel Geld einzusetzen.

Die Keywords haben einen unterschiedlichen Wert. Die besten Keywords sind natürlich die Teuersten. Das bedeutet aber nicht, dass nicht auch andere Keywords Besucher auf deine Seite bringen. In anderen Worten, es lohnt sich nicht immer, auf dem 1. Platz zu sein und ebenso wenig ist immer lohnenswert, nur die besten Keywords zu verwenden. Anstelle eines teuren Keywords kannst du getrost viele einfachere Keywords benutzen. Diese sind nicht hart umkämpft. Sie sind also billig und sie bringen immer noch genug Traffic.

Richtige Goldgruben können Long-Tail-Keywords sein. Diese Keywords sind sehr lang. Hier siehst du ein Beispiel für ein Long-Tail-Keyword: „Handtaschen von Charles Keith online bestellen". Du kannst sofort sehen, warum dieses Keyword ein Long-Tail-Keyword ist.

Long-Tail-Keywords haben einen Nachteil und zwei Vorteile. Sie sind sehr spezifisch. Daraus ergibt sich, dass sie nur ein geringes Volumen an Traffic bringen. Aus diesem Nachteil ergibt sich jedoch der Vorteil, dass sie relativ billig sind. Damit nicht genug sind sie so spezifisch, dass du sie wirklich auf dein Angebot zuschneiden kannst. Um bei dem Beispiel mit den Handtaschen zu bleiben, kannst du verschiedene Long-Tail-Keywords definieren, immer eines oder zwei zu jeder Marke an Handtaschen, die sich im Angebot befinden. Dabei kannst du immer zwischen „bestellen" und „kaufen" variieren, also für jede Marke zwei Long-Tail-Keywords verwenden. Daraus ergibt sich ein hohes Volumen, nicht aus einem Einzelnen, sondern aus der Gesamtheit der Keywords. Dieses Volumen hat dann einen hohen Prozentsatz an Conversions, denn man bekommt genau die Besucher auf seine Seite, die sich genau für das Angebot interessieren.

Die Kosten sind jedoch relativ gering, weil die Long-Tail-Keywords aufgrund ihres geringeren Traffics pro Keyword nicht sonderlich beliebt sind. Dazu kommt eine Wahrheit, die immer wieder gern übersehen wird: 70 % der Suchanfragen in Google sind Long-Tail-Keywords. Damit bewegst du dich also in dem echten Trafficbereich. Du musst nur das Keyword richtig formulieren.

Die Long-Tail-Keywords haben noch einen weiteren nützlichen Nebeneffekt. Weil sie kaum für AdWords benutzt werden, hat man gute Chancen, damit auch bei geringen Kosten auf Platz 1 der Suchliste zu landen und das ganz ohne die sonst damit verbundenen Kosten.

Neben deinen Keywords musst du dich auch sehr gut um deine Anzeige kümmern. Sie ist es, die die Nutzer überzeugt und zu Besuchern macht. Sie ist es auch, die deine Angebote anpreist. Nun kennt man das mitunter von manchen Geschäften. Da wird mit Angeboten geworben, die dann nicht vorhanden sind und der Verkäufer überzeugt einen davon, das zu kaufen, was wirklich vorhanden ist. Das mag vielleicht offline funktionieren, auch wenn es alles andere als eine gute Praxis ist. Online jedoch sieht man sich einer großen Konkurrenz gegenüber. Wenn der Besucher hier nicht sofort das findet, was er sucht, dann ist er weg. Weil du aber auch bei einer großen Absprungrate für die Klicks zahlst, hast du nur deine eigenen Kosten nach oben getrieben. Es ist besser, ehrlich zu sein. Es ist besser, nur die Besucher anzulocken, die auch wirklich das eigene Angebot in Anspruch nehmen wollen. Besser, man bekommt keine Klicks als Klicks von Besuchern, die gleich wieder abspringen.

Die Qualität der Anzeige muss diesen Fakt widerspiegeln. Sie muss attraktiv sein, doch unbedingt falsche Versprechungen vermeiden. Stattdessen muss sie einen schnellen und einfachen Zugang zu dem Gewünschten bringen. Dann bekommst auch du, was du eigentlich willst, Besucher, die dein Angebot auch wahrnehmen.

Es ist für die Stellung deiner Anzeige auch wichtig, welchen Quality Score deine Homepage bekommt. Je besser dieser ist, desto besser ist der Platz für deine Anzeige. Dies hilft auch beim SEO und das SEO hilft auch dabei. Ein wesentlicher Punkt ist die Optimierung für Mobilgeräte. Ist diese vorhanden, dann geht es automatisch ein paar Punkte nach oben. Wie viele Punkte dies genau sind, das hält Google jedoch geheim. Dennoch, es lohnt sich, und die Nutzer von Mobilgeräten sind ebenfalls glücklich, wenn die Webseite ordentlich auf ihren Geräten dargestellt wird.

Die Struktur deiner Kampagne sollte klar und übersichtlich gestaltet sein. Das hat mehr Vorteile, als du denkst. Erstens erlaubt es, eine bessere Übersicht zu haben. Damit kann man leichter auf die einzelnen Teile zugreifen und die nötigen Einstellungen vornehmen. Wichtiger jedoch ist zweitens, dass es dir erlaubt, besser zu experimentieren. Wenn sich die Maßnahmen in einzelnen Kampagnen oder deren Elemente ganz oder teilweise überschneiden, dann wird es schwer, herauszufinden, was genau den Erfolg gebracht hat. Die Folge ist, dass du deine Kampagnen nicht richtig optimieren kannst, und weiterhin mehr Streuverluste als unbedingt nötig, erleidest.

Eine Anzeige kann regional eingegrenzt werden, das wurde hier schon erläutert. Man kann sie aber auch zeitlich unterschiedlich einsetzen. Das geschieht mit dem Werbezeitplaner. Damit kann man einer übermächtigen Konkurrenz aus dem Weg gehen oder die Anzeige aggressiv immer dann schalten, wenn die Anzahl der Nutzer im Internet am höchsten ist. Hier ist es auch wichtig, auf verschiedene Altersgruppen abzustellen. Diese surfen nämlich oftmals zu unterschiedlichen Zeiten und das Angebot richtet sich sowieso weit überwiegend nicht an alle Altersgruppen im gleichen Maße.

Es ist als letzter Punkt immer wichtig, deine AdWords-Anzeigen mit einer SEO-Kampagne zu verbinden. So erhältst du generell ein besseres Ranking für beide Kampagnen. Du erzielst einen sofortigen positiven Effekt über AdWords und einen nachhaltigen Effekt über das SEO. Kurz, beide Kampagnen, AdWords und SEO, ergänzen einander und behindern sich nie. Daher sollte man sie ständig gemeinsam einsetzen.

Folgst du den hier vorgeschlagenen Strategien, dann kannst du die gleiche Effektivität relativ zu deinem Unternehmen erreichen, wie es den ganz Großen gelingt. Dabei musst du dich jedoch finanziell nicht verausgaben. Du kannst flexibel bleiben und von den Bereichen profitieren, die die Großen übersehen.

Deine Landingpages

Eine Anzeige mit AdWords verfolgt ein Ziel, Traffic auf deine Webseite zu bringen. Das ist jedoch erst der Anfang. Natürlich gibt es für die Webseite unterschiedliche Ziele. Diese können zum Beispiel das Branding oder der Verkauf sein. Der Traffic der AdWords-Kampagne soll diesem Ziel offen gegenüberstehen bzw. ihm folgen. Dies kann darin bestehen, dass sich die Nutzer über die Marke interessieren. Das wäre dann das Branding. Es kann auch darin bestehen, dass ein Newsletter abonniert wird. Auch dies dient dem Branding. Das Ziel kann aber auch darin bestehen, dass ein Download durchgeführt oder ein Kauf vorgenommen wird. In jedem Fall jedoch muss das genaue Gegenteil des AdWords-Erfolges vermieden werden. Dieses Gegenteil besteht im Absprung des Nutzers. Wenn dieser die eigene Webseite sofort wieder verlässt, dann kann sie ihre Wirkung auf ihn nicht entfalten. Damit ist das Ziel der AdWords-Kampagne ultimativ auch das Ziel der Webseite, denn es soll ein bestimmter Erfolg erreicht werden, der mit dem Anklicken der Anzeige beginnt. Für diesen Klick musst du bezahlen. Daher ist es nun im nächsten Schritt unbedingt nötig, den erreichten Anfangserfolg durch den Klick des Nutzers auch in einen vollständigen Erfolg umzuwandeln.

Der erste Schritt für den Erfolg der Webseite, der zum Beispiel in einem Verkauf besteht, ist der Klick des Nutzers auf den Link der Anzeige. Der nächste Schritt ist die Landingpage. Die Landingpage ist also die Überleitung von der Suche, von der Anzeige, zur echten Überzeugungsarbeit. Damit also deine Anzeige in AdWords und all der damit verbundene Aufwand und die Kosten nicht umsonst waren, müssen die Landingpage und die Anzeige Hand in Hand gehen. Die Anzeige bringt den Besucher und die Landingpage hält ihn.

Eine Landingpage ist die Webseite bzw. die Unterseite deiner Homepage, auf der dein potenzieller Kunde landet, sobald er auf die Anzeige geklickt hat. Die Landingpage hat nun ihrerseits das Ziel, eine Conversion zu erreichen, also die Aktion bei dem potenziellen Kunden auszulösen, die für das eigene Unternehmen von Bedeutung ist. Neben dem puren Verkauf und der Verteilung von Information kann dies sogar in der Weiterleitung des Besuchers zu einer weiteren Landingpage bestehen.

Neben deiner Anzeige gibt es natürlich noch weitere Wege, einen Besucher auf deine Landingpage zu bringen. Dementsprechend sollte die Landingpage so gestaltet sein, dass sie mehr als nur eine Quelle bedient. Genau genommen sollte die Landingpage im Zentrum stehen und die verschiedenen Quellen sie bedienen. Das lässt sich jedoch nicht immer so arrangieren. So wie eine Anzeige nicht allen Nutzern gerecht werden kann, so kann dies auch eine Landingpage allein nicht leisten. Es ist also besser, über verschiedene Landingpages bzw. durch die Verlinkung verschiedener Unterseiten zu verschiedenen Quellen als Landingpages bestimmten Gruppen von Nutzern direkt zu entsprechen. Wenn also eine deiner Anzeigen bei AdWords Informationen verspricht, dann sollte diese Anzeige auf die Unterseite deiner Homepage verlinkt sein, die die entsprechenden Informationen bereithält. Wenn jedoch die Anzeige direkt für den Kauf einer bestimmten Handtaschenmarke ausgelegt ist, dann müssen als Landingpage deine Handtaschen dieser Marke als Liste erscheinen.

Die Landingpages erfüllen also im Wesentlichen drei Funktionen. Als Erstes bieten sie die exakten Informationen bzw. Produkte, die der Nutzer über die Suchanfrage gesucht hat. Sie verstärken das Interesse des Nutzers an diesen Informationen bzw. an den Produkten. Sie erlauben es dem Nutzer, mit nur geringem Aufwand, die richtigen Informationen bzw. Produkte aufzurufen. Dazu kommt als vierte Funktion, die jedoch meistens eher nebensächlich ist, das Bereithalten von Informationen für eine weitere Aktion bzw. Beziehung. Dazu gehören Versandinformationen, Kontaktdaten, Preis- und Servicelisten.

Die Nutzer, die auf eine eigene Landingpage gelangen, haben diese gezielt angesteuert. Damit steht fest, dass sie schon ein gewisses Bedürfnis daran haben, diese Landingpage aufzusuchen. Dieses Bedürfnis muss nun von der Landingpage befriedigt werden. Dazu kommt, dass die Landingpage weitergehende Impulse liefern sollte. Dabei geht es um die Handlungen, die man als Betreiber der Landingpage bei den Nutzern auslösen möchte.

Für die Nutzer geht es um eines oder mehrere von vier Bedürfnissen, die sie auf die Landingpage bringen. Diese Bedürfnisse sind Informationen, die die Nutzer erhalten wollen. Sie sind der Kauf eines Produktes. Sie bestehen in der Registrierung für eine Community oder für eine Dienstleistung. Oder sie wollen Informationen über Produkte und Dienstleistungen erhalten.

Für die Landingpage kann dies auch bedeuten, dass sie die Nutzer vorauswählt bzw. diese je nach ihren genauen Bedürfnissen weiterleitet. So kann eine erste Landingpage einen Informationsinteressierten zu einer Informationsseite weiterleiten und einen Kaufwilligen direkt zu den Produkten führen.

Die Nutzer kommen mit einem festen Ziel auf die Landingpage. Daher muss diese exakt auf diese Bedürfnisse zugeschnitten sein. Alle Elemente müssen aus der Sicht der Nutzer sinnvoll angelegt sein. Auf alles, was irgendwie überflüssig ist, solle verzichtet werden. Übersichtlichkeit, eine zielführende Gestaltung, das ist das

A und O. Der Nutzer hat eine Trefferliste, die viele andere Seiten mit einschließt. Er will nicht erst lange warten und sich durch verschiedene Menüs klicken, um zu wissen, ob er auf deiner Seite finden kann, wonach er sucht. Muss er nur etwas warten, ist nur etwas unklar, dann wird er abspringen und es auf einer anderen Seite versuchen.

Es gibt bestimmte Elemente, die auf jeden Fall auf eine Landingpage gehören. Dies ist sowohl aus professioneller Sicht nötig als auch wegen des Vertrauens, welches man bei dem potenziellen Kunden aufbauen möchte.

Das Erste, was nicht fehlen darf, ist die Kennzeichnung des Unternehmens. Es geht um die Darstellung deines Unternehmens, dementsprechend musst du von Anfang an mit offenen Karten spielen. Aus diesem Grund muss sich dein Unternehmen auch gleich auf der ersten Seite vorstellen.

Du willst deinen Besucher ansprechen. Dazu gehören eine Headline und eine Sub-Headline. Die Erste sorgt für die Aufmerksamkeit und die Letztere vertieft das Interesse. Internetnutzer scannen gewohnheitsgemäß erst die Überschriften, bevor sie sich mehr mit den Inhalten befassen. Deine Überschriften sollten also nicht nur das Interesse wecken, sie müssen auch aussagekräftig sein. Der Nutzer will gleich wissen, woran er mit deiner Webseite ist. Versuche also nicht, wie in einem Krimi, Spannung aufzubauen. Versuche einfach mit der Deutlichkeit und Klarheit deiner Seite zu punkten.

Du musst dein Angebot vorstellen. Dazu gehören die bloßen Informationen, dein Slogan, die Vorteile deines Produktes und die Gründe, warum dein Produkt das Richtige ist. Das solltest du alles so verpacken, dass du eine Verbindung zum Kunden aufbauen kannst. Diese Verbindung wird vor allem noch durch Bilder unterstützt, die eine emotionale Reaktion hervorrufen. Auch hier gilt eine Weisheit der Werbung, dass nicht Gründe etwas verkaufen, sondern nur Gefühle ein Verlangen und damit einen Kaufwunsch auslösen. Dazu kommt, dass ein Bild mehr sagt als eintausend Worte. Nutze diese beiden Fakten für deinen Erfolg.

Dem Besucher sollte auch eine Suchfunktion geboten werden. Das erleichtert ihm noch einmal, gezielt innerhalb deiner Seite nach dem zu suchen, was er wirklich finden möchte. Weil es schön und gut ist, Menüs und Informationen anzugeben, sind doch einige Nutzer nicht daran interessiert und wollen gleich zur Sache kommen. Eine eigene Suchfunktion ist dann genau die Antwort auf dieses Begehren.

Natürlich sollten die Call-to-Action-Links nicht fehlen. Der Besucher soll schließlich eine Aktion durchführen. Auf diese Aktion muss er hingeleitet werden. Dann braucht er am Ende auch das Werkzeug, den Link, um die gewünschte Aktion durchzuführen.

Es gibt weitere Elemente, die wünschenswert sind, aber nicht unbedingt notwendig. Dazu gehören vertrauensbildende Mittel. Das können Zertifikate und Siegel sein. Reviews anderer Nutzer sind ebenfalls sehr gut, das Vertrauen des potenziellen Kunden zu gewinnen.

Weiterhin braucht der Besucher einen informativen Mehrwert. Oftmals wollen die Besucher eines Onlineshops eben mehr über das Produkt erfahren, bevor sie zugreifen. Sie haben sich bestimmt schon irgendwo informiert, dennoch wollen sie sehen, welche Informationen du für sie bereithältst. Das Gleiche gilt für Dienstleistungen und noch mehr für informative Webseiten.

Verschiedene Kontaktmöglichkeiten, angefangen bei E-Mails über Telefonnummern bis hin zu Livechats, sind ebenfalls ein gutes Argument, das Vertrauen des potenziellen Kunden zu gewinnen. Natürlich kann man nicht immer jede Option für eine Kommunikation anbieten, dennoch sollte als Mindestes die E-Mail und die Telefonnummer vorhanden sein.

Es gibt auch Elemente, die nichts auf einer Landingpage zu suchen haben. Dazu gehören Menüs und Links, die den potenziellen Kunden zu anderen, nicht eigenen Seiten bringen oder ihn von seiner gewünschten Aktion abbringen. Wer also etwas kaufen möchte, sollte nicht durch die Links mit Informationen überschüttet werden. Es ist besser, ihn gleich zu einer Kaufmöglichkeit zu bringen.

Social-Media-Buttons erscheinen heutzutage überall. Das ist auch nett, doch es bringt den Nutzer auf andere Gedanken. Das ist aber nicht immer im eigenen Sinne. Daher gehören diese Buttons nicht auf Landingpages. Man kann sie woanders platzieren oder ganz weglassen. Ihre Wirkung ist ohnehin weit überschätzt.

Die Informationen auf der Landingpage sollten kurz und prägnant sein. Alles, was Verwirrung stiftet, was Unsicherheit bringt, was sich einander widerspricht, hat hier nichts zu suchen. Wer eine Kontroverse diskutieren möchte, kann dies auf einer späteren Seite machen und diese für Interessierte verlinken. Der Besucher sollte aber nicht gleich am Anfang damit belastet werden.

Am Ende bleibt festzuhalten, dass die Landingpages die Verlängerung der Anzeigen mit AdWords sind. Sie sollten also deren Inhalt widerspiegeln. Sie sollten keine falschen Versprechungen machen. Sie müssen sich unbedingt auf die Bedürfnisse der Nutzer konzentrieren und sie sollten den Regeln des SEO entsprechen, um hier einen gemeinsamen Effekt auszulösen.

Das Conversionstracking

Hinter deiner AdWords-Anzeige und damit auch hinter deiner Homepage steckt eine Absicht. Du willst etwas damit erreichen. Dieses „Etwas" kann in einer Menge verschiedener Dinge liegen. Das kann das Herunterscrollen auf deinem Blog sein. Dies kann in einer Anmeldung für einen Newsletter bestehen. Ebenso kann es sich um einen Anruf in deinem Unternehmen handeln. Was immer du erreichen willst, warum immer du deine Webseite eingerichtet hast, wenn dies durch einen Nutzer ausgeführt wird, dann hast du eine Conversion. Eine Conversion stellt also den Erfolg deiner Webseite bei zumindest einem Nutzer dar. In diesem Kapitel wirst du nun herausfinden, warum du die Con versions tracken solltest, wie du dies tust und wie du die gewonnenen Daten auswertest.

Das Conversionstracking dient gleich mehreren Zwecken. Als Erstes kann man damit sehen, welche Anzeigen, welche Keywords, welche Anzeigengruppen und welche Kampagnen zu den meisten Kundenaktionen führen, auf die man mit der eigenen Webseite abzielt. Damit kann man sehen, womit man erfolgreich ist und wo man noch nachbessern muss.

Das Conversionstracking erlaubt das Experimentieren. Nur wenn man sieht, welche Maßnahmen Erfolg haben, macht es auch Sinn, diese Maßnahmen zu variieren. Wenn man dagegen im Dunkeln tappt, bringen auch Experimente keine nützlichen Daten.

Das Conversionstracking erlaubt das Erkennen des ROI, des Return of Investment. Das wiederum gestattet es, die eigenen Werbemittel entsprechend auf die erfolgreichen Maßnahmen zu fokussieren, anstatt sie ungezielt zu streuen.

Die Erhebung der Daten über die Conversions erlaubt es auch, die Gebote für die Klicks zu optimieren. Ebenso kann man deren Einsatz für bestimmte Zeiten verstärken bzw. abschwächen und ein vernünftiges Tageslimit setzen. Dies geht mit den Trackingdaten dann auch automatisch.

Man kann die einzelnen Aktionen festhalten, die Browser und die Geräte, die die Besucher benutzen. Damit kann man seine Werbung auf diese Geräte, Browser und Aktionen hin ausrichten und optimieren.

Der Sinn des Conversionstracking lässt sich also so zusammenfassen: Kein Tracking, und man ist blind. Mit dem Tracking jedoch kann man sehen, reagieren und experimentieren. Die Grundlage einer jeden guten Entscheidung sind gute Informationen. Daher sollte man in jedem Fall das Conversionstracking durchführen.

Für ein erfolgreiches Conversionstracking muss man jedoch zuerst dessen Funktionsweise verstehen. Das System ist keine Person, es kann also nicht selbst festlegen oder verstehen, worin das Ziel der Webseite besteht und welche Aktion eine Conversion darstellen soll.

Der erste Schritt ist es also, eine Aktion als Conversion zu definieren. Was will man, dass der Besucher auf der eigenen Webseite durchführt? Was immer dies ist, dies definiert man als die Conversion. Diese kann in verschiedenen Aktionen bestehen.

Typische Aktionen für das Conversionstracking finden auf der Webseite selbst statt. Dies kann eine Anmeldung sein, ein Einkauf, ein Download oder einfach nur das Herunterscrollen der Webseite. Es können aber auch andere Aktionen außerhalb der eigenen Webseite sein. Dazu gehört der Download einer App in einem Appstore. Es kann eine Aktion innerhalb der App sein. Die Aktion kann auch außerhalb des Internets stattfinden. Dazu gehört zum Beispiel ein Telefonanruf im eigenen Unternehmen oder das Herunterladen und Ausfüllen eines Formulars, welcher der Kunde dann in das eigene Geschäft bringt.

Verschiedene Conversions verlangen nach verschiedenen Trackings. Zum Beispiel lässt sich eine Offlineaktion kaum von einem Onlinetool feststellen. Hier muss also dann von Hand die Information eingetragen.

Das einfachste Tracking ist die Benutzung von Buttons in der Anzeige. Ein Anruf über einen Klick auf eine Anrufanzeige zum Beispiel kann sofort ganz einfach als Conversion erkannt und festgehalten werden.

Andere Onlineaktionen verlangen nach einem Tracking-Tag oder einem Code-Snippet. Dieses Tag oder Snippet wird in die eigene Webseite oder App eingebaut. Wenn dann der Nutzer eine Aktion beginnt, dann wird ein Cookie auf dessen Computer gespeichert. Sobald seine Aktion abgeschlossen ist, wird sie als Conversion gewertet und festgehalten und das Cookie wird wieder gelöscht.

Ist das Tracking einmal eingerichtet, kann man sich die damit gewonnenen Daten innerhalb der eigenen Kampagne, Anzeige, Anzeigengruppe usw. anzeigen lassen. Damit weiß man, welche Anzeige und welche Keywords wie erfolgreich waren.

An dieser Stelle muss man jedoch auf etwas hinweisen. Google AdWords wurde in den USA programmiert und funktioniert über amerikanische Server. Damit ergibt sich ein Datenschutzproblem, denn die amerikanischen Server befolgen amerikanische und nicht deutsche Regeln und Gesetze. Als Gutes kann man jedoch festhalten, dass die dabei erhobenen Daten mit dem deutschen Recht übereinstimmen. Das Problem ist nur die Zustimmung. Die deutschen Nutzer müssen den Cookies und der Erhebung bzw. der Auswertung der Daten zustimmen. Solltest du dich für ein Tracking über Google Analytics entscheiden, wird der Datenschutz noch einmal wichtiger. Das ist jedoch das Thema für ein anderes Buch.

Das Conversionstracking kann man nun nach seinen eigenen Fähigkeiten einrichten. Nicht immer geht dies für einen blutigen Anfänger in Sachen Computer. Wer also nicht weiß, was das Kürzel IT bedeutet, sollte besser seinen damit beauftragten Mitarbeiter auf das Tracking ansetzen. Wer jedoch weiß, was Tags sind und wie man diese setzt, der kann sich an die Anleitung heranwagen, die Google bereithält. Folgt man ihr Schritt für Schritt, dann ist das Tracking im Nu eingerichtet.

Für das Tracking ist es wichtig, zu wissen, dass verschiedene Arten von Conversions verschiedene Arten von Trackings mit sich bringen. Daher beginnt man gleich am Anfang mit der Auswahl der Quelle. Woher kommt die Conversion?

Kommen die Conversions von deiner Webseite, dann musst du ein entsprechendes Tag in diese Seite einbauen und die Aktion, die dort durchgeführt werden soll, als Conversionsparameter definieren. So kann zum Beispiel ein Kauf von einer Seite gefolgt werden, auf welcher dem Käufer für den Kauf gedankt wird. Der

Aufruf dieser Seite kann dann als Kauf und Conversionsparameter festgehalten werden.

Soll eine Conversion in einer App festgehalten werden, dann gilt es hier, diese App mit dem Tag zu versehen. Auch hier kann dann das Aufrufen der entsprechenden Menüseite bzw. einer Dankesseite als Conversion festgelegt werden. Die Anwendung unterscheidet sich jedoch erneut danach, welches System, also Android, IOS oder Firebase, verwendet wird.

Mobilgeräte erlauben auch das direkte Erfassen von Anrufen als Conversions. Wird dann auf eine Telefonnummer auf der eigenen Seite geklickt, dann gilt das als Conversion.

Natürlich können mitunter auch verschiedene Aktionen als Conversions getrackt werden. So kann schon die Bestellung eines Newsletters eine Conversion darstellen und dann die Vornahme einer Bestellung eine weitere. Um alle diese Aktionen festzuhalten, definiert man einfach nur jede Einzelne als eine Conversion. Dazu kann man jeder Conversion noch einen Wert geben. Damit können dann die Bestellung des Newsletters als kleine Conversion und die Bestellung eines Produktes als große Conversion angesehen und dementsprechend dargestellt werden.

Die Conversionsdaten werden nun den Kampagnen zugeordnet erhoben. Was bringt jedoch die Erhebung von Daten, wenn sie nicht ausgewertet werden? Darum ist es ebenso wichtig, sich mit den Daten entsprechend zu befassen.

Für jede AdWords-Kampagne erhältst du einen Bericht. Das Conversionstracking bringt nun seine zusätzlichen Informationen in einer weiteren Spalte in diesem Bericht unter. Damit kann man sofort sehen, welche Kundenaktionen auf die Anzeige hin erfolgt sind.

Als Erstes findet man in dieser Spalte die Anzahl der Conversions, die aufgrund der Anzeige erfolgt sind. Die „In Conversions" beziehen sich auf alle Aktionen, die als Conversions definiert wurden, die innerhalb der eigenen Webseite oder App vorgenommen wurden.

Wer das Attributionsmodell auswählt, der erhält den Wert der Conversions angezeigt. Wie schon gesagt, kann man jeder Aktion, die eine Conversion darstellt, einen Wert zuteilen. Dies geht jedoch nur für Conversions, die auf Webseiten erfolgten.

Displaykampagnen, die Geräte übergreifend erfolgen, werden oftmals nicht eingerechnet. Es gibt jedoch eine Möglichkeit, mit einem Häkchen an der richtigen Stelle, diese ebenfalls in die Darstellung der Conversions einzufügen.

Über die „Conversions zählen"-Einstellung kannst du auswählen, ob du bestimmte Conversions, die als Abfolge vorgenommen wurden, einzeln oder als eine einzige Conversion zählen möchtest.

Die Conversions werden automatisch für die automatische Einstellung der Gebote verwendet. Man kann die automatische Einstellung jedoch deaktivieren und die Gebote manuell einstellen. In diesem Fall werden Vorschläge aufgrund der Conversions erstellt.

Neben der Hauptspalte mit der Anzahl der Conversions gibt es noch weitere Spalten mit weitergehenden Informationen. Dazu gehört die Spalte „Kosten / Conversion". Diese Spalte zeigt an, wie viel im Durschnitt jede Conversion gekostet hat. Dazu werden die gesamten Kosten aller Klicks für einen Zeitraum durch die Anzahl der Conversion für diesen Zeitraum geteilt.

Die Spalte „Conversionsrate" zeigt an, wie viele Klicks für jede Conversion nötig werden. Es wird einfach die Anzahl aller Klicks auf die Anzeige für einen Zeitraum verwendet und durch die Anzahl der Conversions geteilt.

Hast du verschiedene Werte für deine Conversions definiert, dann kannst du in der Spalte „Conversionswert gesamt" die Summe aller Werte aller Conversions einsehen. Dies kann dann noch einmal in der Spalte „Conversionswert / Kosten" in die Kosten für den Conversionswert umgerechnet werden.

Die Spalte „Conversionswert / Klick" wiederum zeigt den gesamten Wert der Conversions geteilt durch die Anzahl der Klicks an. In der Spalte „Wert / Conversions" wird der gesamte Wert durch die Anzahl der Conversions geteilt.

Neben den hier dargestellten Informationen kannst du dir noch viel mehr anzeigen lassen. Am Anfang macht das jedoch weniger Sinn. Du musst erst eine gewisse Menge an Daten aufbauen, um dann weitere Unterteilungen vorzunehmen.

Die Conversions sind es, die den Erfolg bzw. Misserfolg deiner Webseite repräsentieren. Daher empfiehlt es sich, sie zu tracken und dann auch im Weiteren zu experimentieren, um zu sehen, wie sich die Daten ändern und wie man das eigene Ergebnis verbessern kann.

10 wichtige Tipps und Tricks

AdWords ist eine sehr gute Möglichkeit, Werbung für das eigene Unternehmen zu machen. Nun haben wir hier schon so viel erklärt. Wir wissen nun, was AdWords ist, welche Vorteile es bringt und wie es funktioniert. Wir haben erklärt, was Keywords sind, warum sie wichtig sind und wie man die richtigen Keywords findet. Wir haben auch erläutert, wie man eine Anzeige, Anzeigengruppe und Kampagne einrichtet. Dazu gab es die richtige Strategie und dann noch das Tracking der Conversions. All diese Informationen sind jedoch ein bisschen viel am Anfang. Daher gibt es hier noch einmal eine kleine Wiederholung bzw. Tipps für die richtige Verwendung, damit du einen roten Faden durch all diese Informationen hast.

Google AdWords ist ein Werbesystem. Es ist keine Agentur. Man gibt ihm keinen Rahmen vor und der Rest findet sich von allein. Google AdWords braucht dich, um ihm alles zu sagen, was es machen soll. Dabei bezahlst du für die Klicks und damit hast du Kosten, ob ein Klick nun zu einem Absprung oder einer Conversion führt. Es ist daher wichtig, zu wissen, was du tust, bevor du es tust.

Eine Kampagne in AdWords bedarf einer guten Vorbereitung. Man sollte sie nicht mal ebenso im Vorbeigehen einrichten. Nimm dir die Zeit, überdenke deine Ideen und deine Ziele und dann erst solltest du dich an die Umsetzung machen.

Alle Einstellungen beginnen mit dem Erstellen des Kontos, dann der Kampagne, der Gebotsstrategien und der Eingabe der Keywords. Hier ist es immer gut, sich Gedanken zu machen, bevor man einfach irgendetwas eingibt. Man geht lieber zu langsam und zu methodisch vor, als es zu überhasten.

Die Ziele wiederum sind der Ausgangspunkt für jede Strategie. Gute Ziele, klar definiert, durchführbar und sinnvoll, bringen Kunden. Schlechte Ziele bringen Absprünge. Um das eigene Ziel festzulegen, musst du dich fragen, was du eigentlich erreichen willst. Sollen einfach nur Besucher auf deine Webseite gelangen? Willst du etwas verkaufen? Soll eine Leistung bestellt werden? Soll sich der Nutzer in einen Newsletter eintragen? Dazu gibt es noch viele andere Variablen zu bedenken. Ist dein Produkt oder dein Service bekannt? Hast du viele Konkurrenten? Steht die Masse der Leute deinem Angebot empfänglich gegenüber? All dies beeinflusst die Vorgehensweise, den Aufbau deiner Anzeige und deiner gesamten Webseite.

Es ist auch wichtig, die Ziele abzugrenzen. Das Ziel der Kampagne in AdWords ist vorranging der Traffic, den du damit auf deine Webseite bringst. Die Webseite muss diesen Traffic dann in Conversions umwandeln. Auf der einen Seite ist dies natürlich ein gemeinsames Ziel. Daher müssen die Anzeige oder Anzeigen und die Webseite absolut aufeinander abgestimmt sein. Die Anzeige darf nichts versprechen, was die Webseite nicht hält. Die Anzeige muss genau die Bedürfnisse ansprechen, die die Webseite befriedigt. Dennoch besteht zwischen beiden ein Unterschied.

Eine Anzeige kann in ihrem Sinn der Webseite entsprechen. Sie kann genau die richtigen Nutzer auf die Webseite bringen. Sie ist beeindruckend und überzeugend. Die Webseite jedoch ist halbherzig gemacht und spricht die Besucher nicht an. Wirst du damit Conversions erreichen? Wohl kaum! Man muss also die Qualität der Anzeige gesondert von der Webseite betrachten und dennoch beide in Verbindung bringen. Beide müssen gut aussehen, beide dürfen keine Fehler enthalten, beide müssen überzeugen und beide müssen aufeinander abgestimmt sein.

Zu einer guten Webseite gehört aber noch einiges mehr. Dem Besucher muss ein Mehrwert geboten werden. Er muss dort also etwas finden, was nicht schon von etlichen anderen Seiten vorgekaut wurde. Diese neue Information muss zum Thema, das er sucht passen, und sie muss ihn interessieren. Weiterhin muss die Webseite lebendig sein. Dazu gehört, dass sie aktualisiert wird. Das Layout muss ansprechend sein. Es müssen sich immer wieder neue Inhalte darauf finden lassen. Die Inhalte müssen leicht zugänglich sein.

Ist die Webseite ordentlich vorbereitet, dann geht es an die Keywords. Was würde ein potenzieller Kunde eingeben, um die eigene Seite zu finden? Welche potenziellen Kunden mit welchen Suchanfragen dient der Inhalt der eigenen Seite? Dazu kommen Überlegungen über das Volumen und den Wert der Keywords. Long-Tail-Keywords bringen einfach bessere Besucher, die wahrscheinlich nicht abspringen, sondern in einer Conversion enden. Dafür muss man dann eben die Mühe auf sich nehmen, und viele solcher Long-Tail-Keywords eingeben. Sie sind jedoch billig, denn sie werden gern übersehen. Damit erhält man aufgrund der Masse der Keywords auch eine große Masse an Besuchern.

Jede gute Kampagne braucht eine gute Struktur. Dazu sollte man seine Angebote ruhig in Kategorien einteilen und dann jede Kategorie einzeln bewerben. So kann man die Anzeigen direkt auf diese Kategorien ausrichten und dann den Nutzern zeigen, die genau nach diesen Kategorien suchen. Das sichert eine entsprechende Qualität der Besucher und hält die Absprungrate niedrig. Die einzelnen Kampagnen bzw. Anzeigengruppen sollte man dann über eindeutige Namen voneinander abgrenzen, sodass man dann in den Menüs auf die richtigen Kampagnen und Anzeigen zugreift.

Zu dieser Struktur muss man vor allem verstehen, dass Klicks allein noch kein Erfolg sind. Sie können ein Erfolg werden, doch sie sind in jedem Fall erst mal ein Kostenfaktor. Daher ist es besser, 100 Klicks mit 100 Conversions zu bekommen als 1.000 Klicks mit 10 Conversions. Ja, sogar 1.000 Klicks für 100 Conversions ist suboptimal, denn bei 1.000 Klicks für 100 Conversions sind die Kosten einfach höher als bei 100 Klicks für 100 Conversions, denn man bezahlt schließlich für jeden Klick. Daher noch mal, besser keinen Klick als einen Absprung. Die Qualität ist wichtig und wird über die richtigen Keywords, die zur richtigen Anzeige führen, die dann zur richtigen Landingpage überleiten, welche dann die Webseite richtig vorstellt, erreicht. Eine Lücke hier und schon ist ein Absprung erreicht.

Die Qualität bzw. die Darstellung der Anzeige lässt sich noch erweitern. Das bringt natürlich Aufwand mit sich, doch da man damit sein Unternehmen mit Kunden versorgt, sollte es das allemal wert sein. Die Anzeigen kann man zum Beispiel über zusätzliche Informationen interessanter gestalten. Dazu gehört die Angabe des eigenen Standorts, der eigenen Rufnummer oder von Kundenbewertungen. Am besten hat sich der Einbau von Sitelinks bewährt. Damit wird die eigene Seite größer und tritt damit aus der Masse hervor, und der Kunde kann direkt zu den gewünschten Unterseiten gelangen.

Das Experimentieren haben wir hier nun schon

mehrfach erwähnt. Dies kann mit einem einfachen Test beginnen. Erstelle nicht eine, sondern zwei Kampagnen. Stelle sicher, dass sie sich unterscheiden. Dann benutzt du immer nur eine Kampagne als aktive Kampagne und pausierst die andere. Verwende beide Kampagnen für einen gleichen Zeitraum, zum Beispiel jeweils eine Woche. Dann wertest du aus, welche Kampagne besser war. Die bessere Kampagne setzt du fort, während du die andere modifizierst oder durch eine neue Kampagne ersetzt. Dann, wenn die neue Kampagne fertig ist, starte das Rennen zwischen der neuen und der alten Kampagne erneut, bis es einen Sieger gibt. Den Verlierer modifizierst oder ersetzt du dann wieder. Die Anzeigen sollten dabei in jedem Fall Handlungsaufforderungen, besondere Merkmale des eigenen Unternehmens oder besondere Angebote oder Discounts enthalten.

In jedem Fall muss man auch den Werbeerfolg messen. Das geschieht über das Conversionstracking. Damit kann man feststellen, wie viele echte Erfolge man mit seinen Anzeigen erreicht hat. Verwendest du mehrere verschiedene Produkte von Google, dann solltest du die Auswertung mit Google Analytics verbinden, um alle Werbesysteme vergleichen zu können.

Der wichtigste Tipp kommt zuletzt: Hör niemals auf! Die Werbung ist unheimlich wichtig. Darum, wenn es nicht richtig zu funktionieren scheint, ist das kein Grund, damit aufzuhören. Es ist vielmehr ein Grund, herauszufinden, was schiefläuft und dann regulierend einzugreifen. Es ist ein Grund, die eigene Werbung zu verbessern. Aber auch dann, wenn die eigene Kampagne hervorragend läuft, ist das kein Grund, sich auf seinen Lorbeeren auszuruhen. Man kann es immer noch ein Stückchen besser machen. „Besser" bedeutet: weniger Kosten oder mehr Einnahmen für den gleichen Werbeaufwand. Es ist also richtig, die eigenen Kampagnen immer und immer und immer wieder zu verbessern. Dabei muss man ebenso oft überprüfen, was welchen Erfolg gebracht hat.

AdWords ist nicht der Start eines Spaceshuttles. Man kann sich mit Zeit und Geduld in die Materie einarbeiten. Mit den hier vorgestellten Tipps ist es dann auch kein Problem mehr, zu einem Erfolg zu gelangen.

5 typische Fehler

Ja, nicht alle machen alles richtig. Jeder macht einmal einen Fehler. Das ist menschlich und stellt kein Problem dar. Niemand wird erfolgreich geboren. Ein Misserfolg ist nur dann ein Misserfolg, wenn man sich weigert, daraus zu lernen. Wer jedoch aus seinen Fehlern lernt, der macht die Misserfolge zu den Säulen seines persönlichen Erfolges. Das Gute bei Fehlern ist, dass man nicht alle Fehler selbst machen muss, um aus ihnen zu lernen. Es reicht, wenn jemand anderes diese Fehler bereits einmal gemacht hat und dann lernt man aus ihnen, ohne sie zu wiederholen. Aus diesem Grunde haben wir hier die 5 Fehler zusammengetragen, die die Nutzer von Google AdWords immer wieder machen.

Der erste Fehler ist, ohne ein richtiges Ziel zu arbeiten. Einige fangen an, einfach so drauflos ihre Webseite aufzubauen. Trial-and-Error ist gut und schön, doch auch hierfür braucht man ein Ziel, um zu sehen, was einen Error darstellt. Der Onlineshop soll eben so aussehen, der Blog sollte so aufgebaut werden und dann wird dementsprechend auch eine Kampagne mit irgendwelchen Keywords, die eben so ungefähr passen, geschaltet. Was aber bringt das? Kosten. Was aber bringt es nicht? Umsatz! Woran liegt das?

Schau einfach auf dein eigenes Internetverhalten, jetzt nicht als Unternehmer, sondern als Kunde. Willst du Informationen bekommen, wo du kaufen willst? Willst du Kaufaufforderungen sehen, wo du dich informieren willst? Willst du dich durch ein neues Menü hindurchfinden, wo du einfach nur einen Kauf vornehmen oder etwas lesen willst?

Das Internet versorgt uns mit einer ungeheuren Menge an Informationen, das ist gut und schlecht zugleich. Das ist gut, weil man dabei so ziemlich alles herausfinden, kaufen oder bestellen kann. So weit, so gut. Es macht aber auch ungeduldig. Man vergleicht die Seiten. Man will bei der Informationsmenge keine Zeit vertrödeln. Daher neigt man sofort dazu, auf den Seiten zu verweilen, die auf Anhieb die richtigen Informationen präsentieren. Ebenso neigt man dazu, die Seiten sofort zu verlassen, die das nicht tun. Denkst du, deine Kunden sind anders?

Du musst einfach ein klares Ziel entwickeln. Willst du informieren, überzeugen oder verkaufen? Was immer es ist, du musst deine Webseite darauf ausrichten. Du musst den Kunden sozusagen an die Hand nehmen und zu deinem Ziel führen. Davor jedoch musst du die Kunden finden, denen dein Ziel zusagt. Daher brauchst du ein klares Ziel. Dieses Ziel erlaubt es dir, deine Webseite so aufzubauen, dass der ungeduldige Nutzer sofort das geboten bekommt, worauf es ihm ankommt. Dann kannst du deine Anzeige so gestalten, dass sie genau die Nutzer anspricht, an die sich das Angebot deiner Webseite richtet. Dann nutzt du genau die Keywords, die exakt die Nutzer herausfischen, die nach deinem Angebot suchen. So und NUR so kannst du erfolgreich sein.

Deine Webseite wird jedoch nicht nur ein Ziel haben oder wenn sie das hat, wird sie dieses über Unterzeile erreichen. Zum Beispiel kannst du deine Handtasche sofort an die Kaufwilligen verkaufen, doch die Zögerlichen musst du erst noch überzeugen. Dementsprechend musst du deiner Webseite eine Struktur geben, die den Kaufwilligen einen schnellen Kauf ermöglicht und den Zögerlichen Informationen und Überzeugungskraft liefert. Daher musst du auch verschiedene Anzeigen schalten. Du musst die Kaufwilligen sofort mit der Kaufmöglichkeit ansprechen und die Zögerlichen mit deinen Informationen beeindrucken. Dazu wiederum musst du die beiden Kampagnen klar trennen, mit eindeutigen Keywords belegen und für dich eindeutig abspeichern. So kannst du später zuordnen, was du mit welcher Kampagne erreichen wolltest, zu welchem Teil deiner Seite sie führt und welche Keywords sie verwendet. Dann kannst du die dann richtige Kampagne ansteuern und modifizieren. Du wirst viele Kampagnen anlegen, daher sei von Anfang an eindeutig mit ihnen und deiner Struktur.

Die Kampagnen selbst kannst du dann im Weiteren auch noch nach anderen Kriterien unterteilen. Dazu gehört ein unterschiedliches Budget, dazu gehören ein unterschiedlicher Zeitplan, eine unterschiedliche Region, was immer auch von Belang ist, du kannst es variieren.

Ein weiterer Kardinalfehler ist es, das Conversionstracking nicht zu benutzen. Das aber ist *die* Methode, um den Erfolg deiner Anstrengungen auf AdWords zu messen. Auf das Tracking deiner Conversions kannst du nur dann verzichten, wenn es dir um das Branding geht, du also deinen Bekanntheitsgrad erhöhen möchtest. Aber selbst dann kannst du den Aufruf bestimmter Seiten als Conversion definieren und so sehen, ob du tatsächlich deine Bekanntheit steigerst. Für alle anderen Ziele gilt: Das Conversionstracking ist ein absolutes MUSS.

Hier hilft ein kleines Beispiel mit den Handtaschen. Wenn du nach einer gewissen Laufzeit der Handtaschen-Kampagne schaust, wirst du feststellen, wie viele Klicks du bekommen hast. Du wirst jedoch nicht wissen, wie viele Klicks zu einem Kauf geführt haben. Du kannst nicht einsehen, wie viele Handtaschen du verkauft hast. Wenn dagegen die Dankesseite getrackt wird, dann weißt du sofort, du hattest einen Verkauf. Dann wirst du feststellen, wie viele Klicks nötig waren, um einen Kunden zu finden. Davon ausgehend kannst du deine Kampagnen optimieren. Noch interessanter wird es, wenn du unterscheiden kannst, welches Keyword dir wie viele Kunden gebracht hat. Dann kannst du die Keywords streichen, die überwiegend nur Besucher bringen, aber keine Käufer und dich auf die Keywords konzentrieren, die zu den Verkäufen führen.

Benutze nicht die Broad-Match-Funktion. Sie klingt so einfach. Sie produziert Traffic, ja, super! Aber halt! Was wollen wir? Wollen wir Traffic um des Traffic Willen? Oder wollen wir Conversions, zum Beispiel als echte Verkäufe? Es kommt nicht darauf an, nur einfach irgendjemanden auf deine Webseite zu locken. Es kommt darauf an, jemanden, auf den dein Angebot zugeschnitten ist, auf deine Webseite zu bringen. Das bedeutet, die Keywords müssen präzise sein. Daher sollte man entsprechend genauere Einstellungen für die Keywords verwenden. Das bedeutet dann zwar auch, dass man mehr mögliche Varianten der Keywords selbst für seine Kampagnen definieren muss, doch dann kann man die Anzeigen und Landingpages jeweils diesen Varianten anpassen.

Hier kommt auch noch einmal die Auswertung der Conversions ins Spiel. Man sollte alle Keywords eliminieren, die über keinen guten Anteil bei den Conversions verfügen. Ein Klick auf die Anzeige, der zu keiner Conversion führt, hat nur Geld gekostet. Daher kann man auf diesen nutzlosen Traffic getrost verzichten.

Ein weiterer Fehler ist es, nicht die Berichtetools zu verwenden. AdWords hält verschiedene Berichte bereit, die dich über den Fortgang deiner Kampagnen unterrichten. Mit einem Editor eigens für diese Berichte kannst du selbst bestimmen, was dir wie angezeigt wird. Damit behältst du einfach und leicht die Übersicht. Dabei sollte man die Anzahl der Spalten und Linien nicht zu groß werden lassen. So verhinderst du, dass die Darstellung zu unübersichtlich wird.

AdWords lässt sich einfach handhaben. Das ist gut für Einsteiger, aber auch gefährlich. Man geht einfach nicht ohne Vorbereitung an eine neue Kampagne heran. Es ist nur allzu leicht möglich, eine große Menge Geld ohne Gegenwert zu versenken. Es sind eben nur Klicks, die man dabei kauft. Daher sollte man sich von den Fehlern hier inspirieren lassen, damit man sie nicht selbst wiederholen muss.

Fazit

Google AdWords ist deine Möglichkeit, dein Unternehmen zu einem großen Erfolg zu führen. Wenn dein Unternehmen nicht nur regional tätig ist, dann kannst du damit praktisch die ganze Welt zu deinem Marktplatz machen. Selbst jedoch, wenn du nur regional unterwegs bist, ist das Internet und damit Google AdWords dein Werbesystem. Die Deutschen lieben einfach Google und schauen selbst für den Bäcker um die Ecke noch auf diese Suchmaschine. Das gilt aber nicht nur für das Finden des nächsten Bäckers, das gilt auch für weitere Informationen, wie das Angebot oder die Öffnungszeiten. Alles wird gegoogelt.

Die Benutzung von Google ist leicht und daher verlockend. Ebenso verhält es sich mit AdWords. Finger weg von AdWords-Express. Damit hat man es nämlich leicht, sein Geld zum Fenster herauszuwerfen, doch man hat es schwer, echte Erfolge zu erreichen.

Google AdWords ist nicht so schwer, wie es auf den ersten Blick erscheint. Arbeite dich erst einfach nur in die Bedienoberflächen ein und schon bald wirst du es beherrschen. Dann wird es Zeit, mit Anzeigen und Kampagnen zu jonglieren, um das Beste aus AdWords herauszuholen.

AdWords ist eine großartige Hilfe, aber auch ein Kostenfaktor. Daher ist es hier wichtig, immer weiter zu experimentieren. Damit kann man den Erfolg erhöhen, um zum Beispiel mit weniger Geld das gleiche Ergebnis zu erreichen. Dann hat man etwas gespart. Ebenso gut kann man jedoch auch die Höhe des Budgets beibehalten und damit den Erfolg erhöhen. So oder so, es lohnt sich, immer wieder etwas Neues zu versuchen.

Willst du dich an AdWords heranwagen, dann vergiss nicht, bei allen Google-Produkten die gleiche E-Mail-Adresse zu verwenden. So kannst du die Konten einfacher verknüpfen und deinen Erfolg maximieren.

Willst du dich an die erste Kampagne wagen, dann definiere dein Ziel. Danach leite eine Strategie aus deinem Ziel ab und schließlich setzt du diese Strategie um, indem du die Seite auf das Ziel ausrichtest, und deine Anzeige auf die Landingpage abstimmst. Dann kannst du die Aufmerksamkeit des potenziellen Kunden erlangen, diesen zur Landingpage weiterleiten und dann auf deiner Webseite zu der Aktion führen, die du eigentlich erreichen willst.

Die Keywords sind der Schlüssel zum Erfolg. Sie verbinden deine Anzeige mit den Nutzern. Sie bestimmen, wer deine Anzeige zu Gesicht bekommt. Es ist dabei immer auf die Qualität der Nutzer, die man anzieht, abzustimmen. Es gilt also nicht: Traffic, Traffic über alles. Es gilt: Conversion ist Trumpf. Sortiere aus, wen du nicht überzeugen kannst. Sortiere aus, wer nicht dein Kunde wird. Für deren Klicks auf deine Seite willst du nicht bezahlen. Je präziser du deine Keywords wählst, desto mehr Erfolg wirst du haben. Dabei mag die Anzahl der Klicks sinken, doch die Anzahl der Conversions wird steigen. Das ist genau das, was du willst. So viele Conversions wie möglich, mit so wenigen Klicks wie nötig.

Vergiss bei den Keywords nicht die Long-Tail-Keywords. Sie bringen die höchste Qualität bei den Besuchern und kosten den kleinesten Einsatz. Sie sind so präzise, dass damit fast jeder Klick zu einer Conversion wird. Sie sind so selten genutzt, dass ihr Preis so niedrig ist, dass du es kaum glauben kannst.

Du solltest auch unbedingt die negativen Keywords verwenden. Überleg einfach selbst: Welche Keywords kann jemand verwenden, auf deiner Seite zu landen und sich dann dort nicht wohlzufühlen? Erinnere dich an die Handtaschen von Chanel. Wenn du Handtaschen verkaufst, aber keine von Chanel, dann ist es eben von Vorteil, mit Chanel als negativem Keyword den Traffic auszuschließen, der auf diese Handtaschen aus ist.

Unterteile deine Keywords in verschiedene Kampagnen und unterteile deine Unterseiten dementsprechend. Das bringt Qualität und Erfolg. Das verhindert

Absprünge. Das spart Kosten.

Nachdem das alles gesagt ist, bleibt uns nur noch, dir viel Glück und Erfolg zu wünschen. Solange du jedoch offen an Google AdWords herangehst, wirst du nicht so viel Glück brauchen, um deinen Erfolg zu finden. Es ist eben doch nicht so schwer.